JN336590

ちくほうの
女性たちの歩み

ちくほう女性会議編

海鳥社

ちくほうの女性たちの歩み◉目次

女性たちの歴史に学ぶ

大先輩に学ぶ　8
味にこだわり三十六年　石松コト　11
終わりなき道、劇場人生　伊藤英子　16
八十七歳からの短歌作り　稲葉ツユ　22
日本とアメリカと　大塚トシ子　28
ほんのりとした笑顔で　大野ヨシ子　33
日常を十七文字に託す　桑野ソノ　39
産婆の職業に誇りを持って　嶋野ミツエ　45
調停委員として二十八年　末廣トミエ　50
「限りある身の力試さん」が座右の銘　滝田和子　55
筑豊初の女性議員として　西野おみ　61
女性運動に生涯を捧げる　野副マスクリ　66
「大納屋のじょこやん」と呼ばれて　能登原ハルコ　71

亡夫の結社「菜殻火」を継いで　野見山ひふみ　76
子どもに囲まれた一生　堀江チカエ　82
生涯、学び続けたい　宮本ヨシヱ　87
農業一筋に生きて　村田千代子　92
燃えつくす女のこぶし　森田ヤエ子　97
江戸の旅籠を今に守る　安永ツギ子　104
「どう生きるか」を問い続けて　矢野瑠羅子　109
〈資料I〉女性の歴史に学ぶエンパワーメント趣意書　114
〈資料II〉女性の歴史に学ぶエンパワーメント調査表　115

地域の川とともに

女性の視点を川づくりに　118
故郷に生きる　青柳キヨ子　120
夫の死を乗り越えて　朝部勝江　125
遠賀川とコスモス染め　石場よし香　131

教え子は宝　遠藤都智子　137
料理に生き、地域に生きる　荻迫喜代子　142
強く生きる母として　許斐スエノ　150
子どもと地域を見つめ続けて　向野スミエ　155
難聴を転機に茶道師範へ　高田スエノ　160
自分の身体は自分で守る　帆足貞子　167
〈資料Ⅲ〉筑豊女性史聞き取り調査表　173
〈資料Ⅳ〉筑豊女性史聞き取り調査用紙　174
〈資料Ⅴ〉女性の歩み（年表）　175
あとがき　182

女性たちの歴史に学ぶ

大先輩に学ぶ

筑豊といえば炭鉱、女坑夫、貧困などのイメージを浮かべる人が多いのですが、じつは遠賀川を囲む英彦山《ひこさん》、福智山《ふくちやま》、古処山《こしょさん》など古い歴史を持つ豊かな自然に恵まれた、人情味溢れる地域です。詩人で作家の森崎和江さんは「筑豊のよさは住まないと分からない、筑豊が私を育ててくれた」と力強く語ってくれました。

筑豊は、旧産炭地のひとつに数えられ、過去百年におよぶエネルギー資源の供給で、わが国の産業、経済の発展に大きな役割を果たしてきました。しかしエネルギー革命以後、物心両面の後遺症が残りました。

炭鉱で栄え、炭鉱でさびれて今なお後遺症が続いている、この筑豊に暮らし続けた大先輩の女性たち。それらの人々が何を感じ、何を考え、どう生きたかをたずねて、そこから学ぶ力をつけるネットワークを結び、「輝くちくほう」のまちづくりをしたいと願って、私たちは聴き書きをすることにしました。

まず嘉穂・飯塚・山田、直方・鞍手、田川の三地区に分け、それぞれの地区で七十五歳以上の女性を対象にして、その中から身近な人二十名を選びました。対象者一名につき三名の体制を組み、聴き取る人、記録する人、写真、テープをとる人と仕事を分担して、数回面談して聴き書きを行いました。

さらに、筑豊以外の地域の方々にも参加を呼びかけ、先の二十名の方に「筑豊を支えてきた女性史の歴史に学ぶエンパワーメント」をテーマにして、直接お話を聞くワークショップや、遠賀川女性サミットを実施しました。参加者の多くが啓発され、会場には感動の声援や拍手が続きました。

さらに一九九八年九月にかながわ女性センターで開催された、「第七回全国女性史研究交流のつどい」には十五名が参加しました。

女性の歩みの聴き書きをどうまとめたらよいか、女性史研究者や編集体験者に直接お会いして、女性史とは何か、編纂の仕方、また他の地域の取り組みの実情などをうかがい、大変参考になりました。

会員が聴き取りに何度も足を運び、その甲斐あってこの記録集ができあがりました。未熟な私共が試行錯誤しながら、なんとか作成した「ちくほうの女性たちの歩み」ですが、お読みいただき、これからの人生にとって多少なりとも参考にしていただければ幸いです。

この女性史の記録集作成は、一九九八年に文部省女性の社会参加支援特別推進事業の委託を受けて実施したものです。一九九九年は国際高齢者年でもあり、これをバネに、男女共同参画社会の実現に向けて、さらに学習を進めていきたいと思います。

味にこだわり三十六年

石松コト

おこと漬

夏、まだ朝露の残る早朝、でき具合を見極めながら、一回百キロほどのウリをもぎ取っていく作業はなかなか重労働です。雨が降ったら降ったで、急いでビニールシートをかぶせるために走らなければならず、一日中あれこれと細かい気配りが必要となります。

脇田温泉のある豊かな自然に恵まれた鞍手郡若宮町で、粕漬けを始めて三十六年になります。漬物の名前は私の「コト」という名と「ことづける」を合わせた「おこと漬け」。

太平洋戦争中輸送担当の将校だった夫は、戦後、結核で入院。地主だった実家も田畑は農地解放でなくなり、貸家は空襲によって焼けて家賃も入りません。おまけに株価が下がって価値はなくなり、まったくの無収入。五人の子どもを抱えて家計は苦しくなっていきました。

　お盆にはあいさつ回りしようにも持っていく物がありません。そんな時、近所からウリやキュウリを分けてもらい、粕漬けを作って配ったのが「おこと漬」のそもそもの始まりです。

　当時、私は福岡で県信用組合連合会に勤務しておりましたが、不在地主になるから田舎に帰るようにとのことで、退職して若宮へ戻ってまいりました。農業についてはまったく経験もなく、農具ひとつない状態でしたが、とにかくやってみようと決心しました。それからは天秤棒《てんびんぼう》担いでの馬糞拾いや、馬車に肥樽を積んで炭住へ肥上げに回り、野菜やイモをリヤカーで宮田や直方まで売りに行ったりもいたしました。

書展にて（右が著者）

　そうして少し生活にゆとりができた時、部落解放運動指導者・松田喜一先生の農友誌に出会ったのです。私は子どもと共に、松田農場で行われる春と秋の講習会に出席し、その教えを実践しました。勧めによって酪農を始め、それからは十七頭の牛のため、夜明け前から星を眺めるまで、草取りをする毎日を約三十年続けました。

近くにゴルフ場が建設されるため、土地を手放すことになったのと時を同じくするように、三男が自動車整備士となり、数年の勤めを経て独立。四男と共に整備工場の経営を始めましたので、私も若い日の経験を生かして事務を受け持ちました。現在は二人の嫁に引き継ぎ、私は監査役と雑用で毎日働いております。

昭和五十三（一九七八）年、同町乙野《おとの》にスコーレ若宮研修センターがオープン。その時「何かお土産になる特産品はないだろうか」と相談を持ち込まれたのを機に、私が長年作り続け、人様からも喜ばれていた漬物の商品化を決意しました。

お金をもらうからには、みんなが納得するものを、と今でも研究を続けています。

貧乏ほどありがたいことはない

私は貧乏のおかげで多くのことを体験し、働くことによって、健康で楽しい老後を迎えることができました。

75歳から始めた書は県展で入選

　戦後から今日までを振り返ってみますと、主人は充分に働くことはできませんでしたが、五人の子どもの父親として、本当に立派だったと思います。子どもたちも素直に家業の手伝いをして育ったせいか、今でもよく働きます。

　みんな近くに住んでおり、主人が生きていた時は、父親の一声で子ども、孫合わせて二十四人が集まり、にぎやかで楽しい一日を過ごしたことがあります。

　主人は闘病生活六十年、入退院の繰り返しののち、平成十一（一九九九）年六月二十一日、家族に見守られ安らかに八十六年の生涯を終えました。

　私も主人を見習い、立派な老後を送るための成績表をつけております。

　起床時間、健康状態、ラジオ体操、歩行、書、水墨画、読書、吟詠、歌、会社出勤、一日の心理状態という十一の項目があり、一覧表にしてそれぞれ、毎日○×を記して努力しています。

老後は楽しい

仕事ばかりでなく、日々の楽しみもあります。書道は七十五歳から本格的に取り組み、県展に五回入選しました。その他、詩吟は五十四歳から、水墨画、唱歌は八十歳から始め、老後がこんなに楽しいなんて知らなかったと、その喜びを今、しみじみとかみしめております。

苦しい時代の生活目標は、松田喜一先生の「自訓十則」より学んできました。

現在は健康で、自分でできることは人手を借りず、明るく楽しく一日一日努力精進することをモットーにして、毎日を過ごしております。

終わりなき道、劇場人生

伊藤英子

挫折感を礎に

誰にでも一生のうちには挫折を感じることが大なり小なりあります。私の場合、それは何十回もありました。悔し涙、情けない涙、そして辛抱する時も涙が出ます。それでもどうにもならぬ決められた枠の中では、あがいてももがいても、現実と理想はうまくいきません。

ある人から中傷され、「負けてたまるか」と思っても、劇場がある限り口にできないことが多いのです。口にすれば、これまで培ってきたすべてが終わってしまいます。

社会情勢の激変の中で、この地方に三十三カ所もあった劇場がなくなりました。どこも経営は苦しく、同業の方は、「かわいそうだからやめて……」、「僕たちがやっていけないのに、何もあなただけが頑張ることはない」、「仏様も泣きはされない」と言ってくれます。しかし、やめるとしてもこの劇場が売れなければ仕方がありません。姉が亡くなって一、二年経った頃、地元の方の世話で福岡のスーパーへの売却話が持ち上がりました。ところが相手は敷地を見るなり、二百坪しかいらないといわれるのです。結局、この話はまとまりませんでした。

その後、エネルギー改革で炭鉱はなくなりましたが、たくさんのお客さんが劇場を守ってくれました。この劇場は、平成十二（二〇〇〇）年には七十周年を迎えます。

遠賀川女性サミットでのトーク

過ぎたことを考えれば、うたかたの夢のような気がしますが、思い出せば悲しすぎます。辛いこと、苦しいこと、嬉しいことといいますが、私にとって嬉しいことは何もありません。「小娘に何ができるか」と言われ、できるかできないか見ていろと、歯を食いしばってやってきました。人対人のつきあいは厳しい限りです。いろんな方たちを相手にして、無我夢中で通り過ぎてきました。

厳しさの中の喜び

父が倒れて、全然字が書けなくなり、口もきけなくなり、一番悪い状態で何もかもやらなければならない、それが私の青春時代でした。結婚も犠牲にしなければ、この劇場は残っておりません。

敗戦によって、ここが進駐軍に接収されてしまうかもしれない、と心配しましたが、それもなく、飯塚に捕虜になったイギリス兵などがいたので、爆弾も落とされなかったそうです。

今思えば次々に肉親と死に別れ、この劇場が私の肩にのしかかってきましたが、こうしてやってこられたことに感謝しています。いろんな方が、「この時代にこんな劇場が残っていることは素晴らしい」と喜んでくれます。長い間こうしてやってこれたのは、私の引いたレールがよかったおかげか、先代のレールがよかったおかげか。月日が経ってみなけ

70年の歴史を刻む嘉穂劇場

れば分かりません。

もうすぐ七十周年。まるで夢のようです。

これからも仕事の面で、行き詰まることがあるでしょう。しかし、それなりの開発を自分でしていかねば仕方がありません。誰かがやってくれると思ったら、大間違いです。

劇場が発展するには、従業員に給料を払う、タレントに出演料を払う、そしてお客さんに喜んでもらう、この三条件が必要です。どんないいタレントでも、あまり人気のないタレントでも、出演料は払わなくてはなりません。劇場経営は大変です。税金は高いし、一千万円の契約をしてきても、すぐに税金で百万円は飛んでいきます。

タレントさんも、この厳しい状況の中でがんばっておられます。しかし、人の情けに感謝はしても、甘えることはできません。

このような厳しい状況にあっても、嬉しくてこたえられない時があります。歌舞伎役者の中村勘九郎さんが芝居の途中、アドリブで、

「はよう帰ろう。さあ、急げ」

「どこへ行かれますか」

「今から飯塚の嘉穂劇場に行く」

と言うと、お客さんは「わあー」と大声を出して喜んでくださいます。

また、お客さんが私を見て、「ありがとうございました。お身体を大切に頑張ってください。またきます」と声を掛けてくださると、感に堪えません。

こんな私が若い人に語り継ぎたいことは、「何事も途中で挫折することなく、自分に負けるな」ということ。そうすれば、きっといい結果が出ると思います。

これから先、嘉穂劇場を愛してくださるお客様のためにも、泣きごとをいわず身体の続く限りやっていこうと考えています。

幾度か投げ出したくなった劇場人生ですが、これが私に定められた「終わりなき道」なのだと今は思っています。

たくさんのお客様、そして私の周囲の皆様に、感謝の気持ちを忘れず生涯学んでいくつもりです。

八十七歳からの短歌作り

稲葉ツユ

短歌教室に通う

　わが子三人孫七人曾孫十人それぞれ健やかに生く

私は若い頃から短歌に興味がありましたが、残念ながらよい師にも友人にも恵まれず、我流で日記に記録のように、短歌を作っていたことがありました。しかしそれも長くは続かず、いたずらに齢《よわい》を重ねてしまいました。

夫は昭和十二（一九三七）年に死亡し、戦中、戦後は寡婦の自由さから、地域婦人会や老人会の世話などに忙しく過ごしてきました。ふとしたきっかけで、今からでも遅くないと思い立ち、八十七歳の夏から学文社の通信短歌教室に入ることにしました。そこで長沢一作先生のご指導を受けることになり、そのご縁で「運河の会」に創刊号から参加させていただき、今日に至ります。

八年間、無欠詠で懸命な日夜を重ね、充実した余生を過ごしておりましたが、なにぶんにも高齢ゆえ、いつどうなるか分からないと思い、記念に一冊残したいと歌集をまとめることにしました。それが『還願』で、平成元年十二月に出版しました。

家族にて高塚地蔵に揺られゆき卯月二十日に還元願なせり
健やかな三年の寿命ありがたく今日は遠く来て願解き指ず

『還願』の時は、あわててまとめました。あれから七年、作歌だけを生きがいにして続けていましたところ、いつの間にか百歳になりました。

家にこもりきりで、視野のせまい拙《つたな》い歌ばかりですが、家族の勧めもあり、百歳記念に平成二（一九九〇）年から八年八月までの「運河」出詠歌の中から、長沢一作先生に選歌していただいた作を収めました。

24歳の頃（右端が筆者）

亡き夫の思い出

夫は昔の朝鮮総督府に勤務した官吏で、転勤で朝鮮半島の各地を回りました。

仁川の港に満ちし軍艦の
三十余隻老のまぼろし

歌集に収載した一首です。

昭和七年、私は子どもを連れて帰国。夫は朝鮮半島で単身赴任の生活をしました。その間、海を越えて手紙が行き交い、几帳面な夫は、私の手紙をきちんとこよりで綴じて整理してくれていました。私も夫の手紙は全部取ってあります。今読むと、少し恥かしい気もしますけれど、私の宝物です。

夫は昭和十二年に死亡しましたが、夫との十七年間の生活が、私の生涯で一番幸せな時でした。

米寿までは共に生きんと誓いたる君先立ちて逝けば悲しも
夫の五十年忌を為し終えて心にかかることなくなりぬ
百年間生き来しわれを早逝の夫はあの世に待ちわびておん

100歳を越えてもかくしゃくと

二冊の歌集の中には、仏壇、庭木、墓参りなどなど、夫を偲ぶ歌がたくさんあります。

己を律し他を律す

私は、自分の子はもちろん、他人の子も厳しくしつけてきました。

小学校二年生だった次男が大切にしていた帽子を奪おうと、上級生、同級生が大勢で、殴ったり蹴ったりしたことがあります。帽子は取られませんでしたが、家に帰った次男の顔や服の様子を見て、ことの次第を悟り、手を引っ張って無理に現場に連れていきました。そして、「この子をいじめたのは誰か」と一人ひとりに厳しく問いただしたのです。その後、子どもはいじめられることはありませんでした。

人の世話もずいぶんしました。婦人会には、戦中の国防婦人会時代から参加しており、学校、地域、老人会の世話などをしてきました。とくに老人会では、長く副会長を務めました。しかし、八十歳を過ぎて一連の役職を全部退きました。自分の身の回りのことさえおろそかになるのに、他人様のお世話どころか、と思ったからです。

九十歳になっても、

　　院長の回診のある金曜日朝より寝巻着替え待ちをり

という気持ちを持ち、九十六歳で新聞を隅々まで読んで、しかも分からない外来語は、辞書を引いて調べていました。

　　十数年使い古びし大辞典白寿記念にふたたび求む

よく長生きの秘訣を聞かれますが、別にありません。強いていえば、物事をくよくよ考えないこと、食事は薄味でなんでも食べること、それからよく眠ることです。若い頃からあまり太ったという実感はなく、今の体重は三十五キロです。

（稲葉さんは一九九九年三月、お亡くなりになりました）

日本とアメリカと

大塚トシ子

両親と離れて暮らす

大正時代に家族が移民したので、私はアメリカで生まれ、三歳まであちらにいました。母はアメリカ人の家に掃除や洗濯の仕事に行き、父は庭の手入れ（ガーデナ）をしていました。アメリカに移民した日本人家庭は、どこも両親が共働きで、子どもが手のかかる間は日本の親戚に預けていたので、私も三歳から十四歳まで日本にいて、おばさんやおばあさんに育てられました。

おばあさんたちからは、「五年生になったら両親に会える」、「六年生になったら会える」と言われ続けました。アメリカの母は、毛糸のセーターなどを日本に帰る人にことづけてくれたりしましたが、私は母を思って悲しい思いをしました。

当時の普段着は着物が多く、羽織を着て、まりつき、お手玉、メンコなどをしたものです。十四歳で再び渡米しました。日本の尋常高等小学校を卒業していましたが、アメリカに戻った時には言葉が分かりませんでしたから、アメリカのジュニアハイスクールに通い、高校へと進みました。アメリカでの遊びといえば、ハンドボールやテニスでしょうか。

その頃、いじめはありませんでしたが、人種差別はありました。日本人は学校が終わると、放課後さらに日本人学校に通っていました。

二十三歳、大東亜戦争前の昭和十五（一九四〇）年に私は帰国しました。

結婚と戦争

結婚のための帰国でしたが、警察からスパイではないかと調べられ、あとで聞いた話によると、結婚相手のところにまで確認にきたそうです。

夫二十八歳、私二十三歳の時に結婚しました。見合いでもなく、恋愛でもなく、幼なじみでした。当時、夫は平山炭鉱の労務課に勤めており、男二人、女二人の子どもをもうけました。

友人、妹と共に（右端が筆者）

戦時中、夫が病気の際に、ストレプトマイシンを手に入れるのに苦労した覚えがあります。戦後になると、日本にも輸入されましたが、当時はなかなか手に入らず、アメリカに住んでいる両親に頼んで送ってもらいました。しかし、赤十字を通して各国を回ってくるため、長い日数をかけてようやく届くありさまでした。

私は豊かなアメリカを見て、日本との大きな差を知っています。それだけに戦争が始まった時は、「日本はなんて馬鹿なことをするのだろう。あんなに大きくて、文化の進んだ国と戦争をしても、勝つはずがない」と思いました。

やがて終戦。「やっぱり敗戦に終わったな」と思いました。

戦時中、アメリカに住んでいた日本人はキャンプに入れられましたが、食べ物や着る物は政府から支給され、子どものいる人などは優遇されたといいます。母たちは、キャンプに入れられている間、近所に住んでいた仲のよいイタリア系アメリカ人に、家財道具を預かってもらっていたので、戦争後もあまり困窮することはなく、家も購入できて感謝していました。

海上レストランにて

戦争が終わって

戦後になってまた渡米。新聞で見つけた仕事先では、六時間働いて四千円もらい、大変かわいがっていただきました。雇い主は、息子さんを戦争で亡くされて悲しいせいもあったと思いますが、「また渡米してきた時は、息子のルームを使って仕事に行きなさい」と言ってくれました。

広い心がないと人に優しくはできません。アメリカにはいろんな国の人が住んでいますが、利己主義な人は少ないようです。

　暮らしも格段に進んでおり、驚きました。各家庭には洗濯機があって、乾燥機もついていました。キッチンには皿洗い機があって、ゴミをミキサーにかけ、水と一緒にシャーと流していました。日本でも昨今、ゴミ問題がいろいろといわれていますが、アメリカでは何十年も前に、こんなゴミ処理法が考えられていたのです。

　今でも妹二人、弟一人はアメリカに在住しており、従兄弟《いとこ》や親戚も多くいるため、時々訪ねます。アメリカを訪れる人は少なくありませんが、単なる旅行だけでなく、目的を持ってホームステイをして、離れたところから日本を見ることが大切だと思います。日本の中にだけいると、他の国の進んだ文化などが分からないのではないでしょうか。

　たとえば法事の時など、日本では亡くなった人の家だけが、大変忙しい思いをします。しかしアメリカでは、みんなで料理を持ち寄って亡くなった人を偲びます。仏教徒の集まりである仏教会では、月一回、その月に亡くなった人の供養があります。こんなちょっとした習慣の違いを知ることも、勉強になると思います。

　これからの若い人たちが英語をしっかり勉強して、通訳なしで世界の人々と交流ができることを望んでいます。

ほんのりとした笑顔で

大野ヨシ子

江戸文学を愛した娘時代

佐賀鍋島藩の士族だった両親は、明治三十（一八九七）年頃、炭鉱で景気のよかった直方へやってきて、魚屋と蒲鉾屋《かまぼこや》を新町に開きました。豪放磊落《ごうほうらいらく》、人を助け、人に喜んでもらうのが好きなわがままな父と、我慢強く一回も口答えをしたことのない、しっかり者の母。私はその二人の間に生まれた、五人姉妹の四女です。

私が生まれる時、父は産婆さんに「また、女やったらあんたにやる。もういらん」と約束したそうですが、実際にはやることもできず、しばらくは怒って名前をつけなかったそうです。

母に頼み込まれてようやく役場に届けに行き、もうなんでもヨシヨシと「ヨシ子」にしたといいます。ついでながら、五女が生まれた時は父もすっかりあきらめ、女でも男でもどうでもよく、「トメ子」とつけましたが、母がそれではあんまりだと「冨子」にしました。

妹・冨子さんとの暮らしももう20年

小さな頃は、自分の考えをはっきりいうしっかり者の姉たちに圧倒され、小さい声でしか泣かない、おとなしい子でした。しかし、父がよく「侍の子が」と口にしましたので、「今頃は侍も平民もないでしょう」と言い返していました。

小学校一年生の時、成績がすべて甲だったので、父は「儲けもんやった」と言い、母は「産婆さんにやらんでよかったでしょう」と嬉しそうでした。

私は南小学校というところに行きましたが、当時、私たちの小学校では北小学校に負けるな、と競争意識を燃やしており、受験にも熱心でした。

大正十一（一九二二）年、私の受験の年は、女子二十四人中十二人が直方高等女学校を受け、十人合格というめったにない快挙を成し遂げました。私は二番の成績で入学し、級長をしました。

一年の秋、それまで着物だった制服が洋服に変わりました。これが私にとっては初めて着た洋服となりました。

一年生の時は、体操といえばテニスと走ることしかありませんでしたが、二年生になって東京から新しくみえた先生が、バレーボールやバスケット、幅跳びを教えてくれました。走るのは苦手でしたが、バレーのサーブは得意でした。

東京からみえた先生の中に老川という先生がおられ、この先生の影響で国語が好きになりました。小さい頃に浄瑠璃を習っていたせいでしょうか、とくに江戸文学が好きでした。四年生になって初めて、クラス替えの話が持ち上がりました。クラスのみんなは大反対だったので、泣落しをしてでも阻止をしよう、と級長の私が話を持ち出して、みんなで校長室に座り込み。おかげでこの年、クラス替えはありませんでした。

高等女学校を終える頃、行きたかった京都女子専門学校を推薦入試で受けましたが、親には内緒でした。父が「女がそんなに勉強せんでいい」と言うに決まっていたからです。

でも合格すると、父は「兵児《へこ》を質に置いてもやらな」と言い、入学式についてきてくれました。

女専では、できたばかりの祇園小唄の合唱をしたり、図書館へ行くと偽って歌舞伎を観に行ったりしたものです。日曜ごとにお寺も見て回り、それぞれが楽しい思い出です。

教師生活と結婚

昭和四年に卒業しましたが、ちょうど不況で、女学校の教師の採用がなく、小学校に勤めることにしました。通勤に鉄道を使うと、朝六時に出なければ間に合いません。そこで校長の勧めで自転車の乗り方を習いました。袴では乗りにくいので洋服にし、市場小学校（現・赤池町）まで三十五分の道のりを十年間通いました。

その後、大阪の広教高等女学校に五年、さらに九州に戻って折尾高等女学校、母校の直方高等女学校に勤めました。

修学旅行がなくなっていた昭和二十三年、校長に絶対に迷惑かけませんから、と頼み込んで、英彦山への二泊三日の旅を二班に分けて行いました。

教師をとことんやりたかったので、結婚などまったく考えなかったのですが、友人の頼みで、三人の子どもと母親のいる人と見合いをしました。子どもがかわいそうだったし、相手がとても立派な人だったので決意し、三十六歳で結婚しました。しかし夏休みの途中だったので仕事を辞められず、月曜日から金曜日まで学校の寄宿舎に泊り込み、土、日に小郡の田舎の婚家へ帰るという暮らしを二年続けました。

東大の教授を辞め、種畜場の場長をしていた夫、有馬師範儒学者の末娘だった姑、高等女学校に通っている娘、中学生と小学生の二人の息子との暮らしでしたが、納得のいかないことはまるでありません。夫は私にとってありがた過ぎるくらいいい人でしたので、夫婦喧嘩もなく、子どもたちもよくなついてくれました。

家族と（左から２人目が筆者）

世間では「あの姑に仕えたら殺される」と言われましたが、私にないものを持っている立派な方でしたし、私も幼い頃から父に厳しくしつけられていましたので、辛くはありませんでした。

姑はリューマチの気があったために、つねに暖かくしておかなければなりません。三、四時間しかもたない炬燵《こたつ》の炭を、最後に入れるのが午前一時。小さな食器に五品の食事を作り、トイレ、風呂に付き添いました。姑が湯に浸かっている十分ほどの間に布団を敷き換え、水汲み、薪割りもしました。朝は四時半に起き、子どもを六時の汽車に乗せる毎日。

大変でしたが、父の忌引《きびき》以外仕事を一日も休んだことがないほどに、私は丈夫でした。じっとしていると居眠りしてしまうので、編み物をしました。姑は「ヨシ子さんさえいてくださったら何もいらないわ」と言ってくれました。

姑の最期を看取り、子どもも独り立ちし、私が六十五歳の時、夫は七十三歳で他界してしまいました。以来一人住まいをしておりましたが、心臓が止まりかかって九死に一生を得ましたので、実家で一人暮らしをしていた妹のところに同居することにしました。もう二十年になりますが、仲よくやっています。

この年齢になってみると、人生というのは楽しいばかりでも、苦しいばかりでもないと、本当にそう思います。

日常を十七文字に託す

桑野ソノ

結婚、退職そして終戦

明治四十四（一九〇九）年、四人兄姉の末子として川崎町に生まれた私は、教師を目指して福岡女子師範学校を受験。無事に合格し、卒業後待望の小学校の教員になりました。二十三歳の時、同僚の桑野実生と結婚。当時としては珍しい職場結婚でした。夫は次男でしたが、方城町で姑や弟妹との同居生活が始まり、妊娠、出産、育児、家事に追われる毎日でした。加えて姑は家つき娘で養子を迎え、外で働いたことなどまったくない人でしたので、仕事を持った女性の苦労など知るはずもありません。

時に弱音を吐く私を実家の母は、「同じ涙を息子の嫁に流させないようにに心がけなさい

師範学校ではバスケット部のエースだった（右から３人目が著者）

よ」と、優しく受け止めてくれました。

　私たちは長男を頭に三男二女と、五人の子宝に恵まれました。幼い時から忙しい母親の姿を見て育った子どもたちは、じつによく家事を手伝ってくれました。

　昭和二十（一九四五）年、戦局は熾烈を極め、警報が鳴るたびに夜中でも学校に駆けつけねばならず、病気がちの姑と幼い子どもたちを残して飛び出すことは難しく、遂に退職。それを待っていたかのように姑はあっけなく他界し、八月十五日には、青天の霹靂《へきれき》ともいえる終戦の詔勅を聞くことになりました。

　この日を境にして軍国主義は瓦解、民主主義が台頭し、その波紋は教育界にも及びました。

　青年学校の校長で、配属将校として軍事教練の指導に従事する一方、田川地区の在郷軍人会会長として、銃後を守る要職にあった夫が、マッカーサーの命によって、教育界から追放の処分を受けました。

俳句を始める

私たちは当初から、どの子にも大学教育を受けさせるための貯蓄を心がけてきましたが、貨幣価値の急落による不安から、昭和二十六年、私は教壇に立つ決心をし、金田小学校に再就職をしました。再び多忙な暮らしの始まりです。

ある日、職員室に「〝折りとりてはらりと重きすすきかな〟皆さん俳句を勉強しませんか！」と書いた紙が貼ってありました。誰いうとなく始めようということになり、私も仲間入り。添削の批評に一喜一憂しながら、俳句の勉強を続けました。

昭和三十九年、世の中もようやく落ち着きを取り戻した頃、エネルギー革命の嵐が吹き荒れ、筑豊地方の炭坑の多くが閉山。職を求めて都会へ転出していく家族と共に、学校を去る児童が多くなりました。

田川でも児童数の減少によって教員がだぶつき、福岡市への広域配転や高齢者の退職勧奨が始まったので、私は次女の就職を交換条件に退職しました。

平成10年、弁城藤寺にて

夫の看護と死

夫を病気が突然襲いました。脳梗塞です。直ちに入院しました。医師の指示を守る模範的な患者である夫は、いったん退院しましたが、再び病状が悪化したために再入院。私は病院のベッドのかたわらで寝る生活が続きました。

病室の一隅に寝て明けやすし

不自由な生活の中で、毎朝嫁の作ってくれた弁当を次男が届けてくれました。保育園に勤めながらの、嫁のその心尽くしに胸が熱くなったのは、一度や二度ではありません。

土、日には娘が交代してくれるので帰宅、土いじりをして一時の解放感を味わいました。

こんな手のやり方もある豆の花

看護妻芋植うるだけの帰宅かな

夫の病状は一進一退を続け、入退院を繰り返すようになり、初夏を迎えた頃には、看病疲れで私はすっかり痩せてしまいました。

そんな時、実兄の訃報。夫の発病以来、身辺雑事に追われて兄を訪問する機会もめっきり少なくなっていました。兄との楽しかった語らいの日々を思い出し、悲しみを夫に気づかれないよう、一人ひっそりと会葬しました。

病む夫に秘めし訃音や苗代寒

発病して七年、刃折れ矢尽きた夫は八十一歳でこの世を去りました。思えば琴瑟《きんしつ》相和する夫婦であり、失って初めて夫の存在の大きさを感じたのです。

失ひしものの大きさ月仰ぐ

二冊目の句集を子どもたちに

夫の死後、私は自分の余命をあと十年と考えました。何か残しておきたい。子どもたちに句集を残そう。そう思って一句ずつ筆で書いた、五冊の手作りの句集が何カ月もかけてできあがりました。

平成十年七月、私は九十歳の誕生日を迎えました。夏の暑い盛りも公民館までの一・五キロの坂道を歩き、一回も休まずに句会に出席。今は百歳まで生きよう、そして子どもたちに二冊目の句集を贈ろうと思っています。

亡母の言葉を忘れずに嫁とはいい関係を保ち、優しい二人の孫に囲まれ、よき師よき句友にも恵まれて、句作三昧の生活を送っています。

人生の掉尾《ちょうび》を飾りたいとは思いません。これからも気負うことなく自然体で生きていこう、そして幕を引く時は、静かに辞世の句ひとつくらい残したいなと願っています。

音にあそぶ夢ともうつつとも

産婆の職業に誇りを持って

嶋野ミツエ

叔母に勧められて産婆に

大正二（一九一三）年生まれですから、今年で八十七歳になります。生まれたのは糸田町の農家です。農家といっても大きな蔵があり、米俵がいつもたくさん積まれていたこと、戦後の農地改革で小作人に農地を払い下げたことなどを覚えています。父親は無報酬の名誉職である村会議員や、助役を務めたことがあり、大地主だったようです。

当時では村でも進学者が少なかった田川高等女学校を卒業後、弁護士をしていた叔父の勧めで大阪に出ました。私は角帽にあこがれて大学に行けるつもりで上阪したのですが、

予防接種の助手も務めた（左から２人目が筆者）

妃殿下の行幸の時、産婆会を代表したという、大阪でも有名な産婆であった叔母の説得で、大阪市立産院に勤めながら看護学校に通い、産婆の資格を得ました。

大阪市立産院では、正常出産だけでなくいろんな出産の場に立ち会うことができ、大変勉強になりました。この時の経験と知識が、産婆になってから大いに役立ちました。

資格は取ったものの、子どものいない叔母の手伝いや跡継ぎをさせられそうになったので、糸田町に帰ってきました。叔母は最初から、私を跡継ぎにさせようと考えて、産婆学校に入学させたようです。

とり上げた子どもは千人

帰郷後、親類の人が大きな看板を作ってくれ、産婆として独り立ちをすることになりました。若いのに産婆の看板を持つのは恥かしかったのですが、ぼつぼつ妊婦がくるようになり、ある時、難しいお産を無事済ませたことがきっかけで評判が高まって、噂を聞きつけて遠くからも仕事の依頼があるようになりました。

その後、結婚して赤池町に住むこととなり、子どもも五人生まれましたが、産婆の仕事はそのまま続けました。

いつ何時お産があるか分からないため大変で、自分のお産の時は、同業者同士で頼んだり頼まれたりしたものです。

やっとわが家の乳飲み子を寝かしつけて、やれやれと思ってほっとしていると、生まれそうだからすぐにきて欲しいと使いの人がきたり、お産が重なってあちらもこちらも掛け持ちしたこともあります。

とくに終戦直後のベビーブームでは、一日に何人もとり上げました。

当時のことですので、交通手段は自転車。白い割烹着《かっぽうぎ》を着け、黒の鞄を前のカゴに入れて、自転車のペダルを踏んで急ぎます。夜寝ていて、風の音で表の戸がガタガタといって

とり上げた子に会うことも（右端が筆者）

も誰か呼びにきたのでは、と思うことがしょっちゅうでした。

　このように忙しくしていましたので、自分の子はあまり構ってやれません。幸い夫が経営する自転車店に弟子がいましたし、子守りさんを頼んでいたので、出かけることはできました。ただ、私が留守の間に次男が階段から落ち、額に怪我をしたことがあります。今でも傷が残っており、それを見るたびに胸が痛みます。

　お産の時には晒《さらし》やガーゼなどが必要ですが、経済的に苦しくて準備できない家庭には、隣近所の人たちが、浴衣をほどいて作ったおむつや産着などを持ち寄って助け合ったものです。

　とり上げた子どもの数は、千人くらいにはなるのではないでしょうか。残念なことに、記録していたノートが水害でなくなってしまいました。近年ではお産は産院でするのが当たり前のようになりましたが、今でも産後の湯浴みを頼まれると時々出かけます。

昭和二十三（一九四八）年の予防接種法ができた頃に、役場衛生係からの要請で、予防接種が行われる時の助手として、医師とともに予防接種にかかわってきました。その期間は平成十（一九九八）年三月までで、五十年間に及びます。

学童の予防接種の時、どうもどこかで見たような子どもだが、と思って名札を見て、「ああ、やっぱり。あの時とり上げた子どもだ」と分かるようなことが何度もありました。

手に職を持ち、働きながら子育てをし、一方で住民の健康を守る仕事に携わって、一所懸命生きてきました。自分の仕事と決めたら途中でやめない。できるところまでやりたいと思いました。

ここ数年の楽しみは畑作りで、歩いて五分ほどのところにある、百坪くらいの広さの畑に毎日通っては野菜作りに励みます。野菜も子どもと一緒で、命を育てるような気がします。

調停委員として二十八年

末廣トミエ

女学校で学ぶ

明治三十六（一九〇三）年三月二十四日、嘉穂郡碓井《うすい》町で三人兄妹の長女として生まれました。家は運送業を営んでおり、石炭産業の繁栄と共に家業も栄えていきました。

碓井尋常小学校で六年間学んだのち、嘉穂郡立実科高等女学校（のちの嘉穂高等女学校）に進みました。この学校は石炭王の一人、伊藤伝右衛門が創設し、私が二年の時に嘉穂郡立飯塚高等女学校と改称されました。

成績は上の部で、卒業式には答辞を読みました。

当時は女の子に学問など必要ない、それより花嫁修行を、との考え方が一般的でした。

母は「まさかの時には女性でも自立できるように、学問・教養を身につけさせたい」と、進学させたがりましたが、家族が尊敬していた知人に相談したところ、「女の子に学問させなくても、どうせ結婚するのでその準備でもさせたほうがいい」と言われたそうです。

その一言で、私は福岡市の櫛田裁縫女学校に進むことになりました。ここで二年間、和裁、茶道、華道などの花嫁修行をしました。

懇意にしていた博多の知人宅に下宿していましたので、放課後は好きな琴や、時にはショッピングを楽しみました。この頃が生涯のうちで、一番楽しい時代だったと思います。

卒業後は、家業の事務の仕事を手伝いながら家事にいそしみ、昭和元（一九二六）年二十三歳の時、七歳年上で田川郡香春《かわら》町在住のサラリーマン、末廣光太郎と結婚。姑、小姑のいる中、何かと気苦労が絶えませんでした。

子ども運も悪く、長女は一歳の時肺炎で、次女は十歳の時疫痢で死亡。長男は死産という辛い試練に、何度も立ち向かわなければなりませんでした。

野菜作りも地域活動も

戦時中は地域の国防婦人会の役員を務め、出生兵士の見送り、留守家族の慰問、遺骨の出迎え、田植えの手伝い、炊き出し、子守りなど、地域で、そして家庭で働き、まさに縁の下の力持ちでした。

農業の経験はありませんが、食料難の折から、肥たごを担いで野菜作りにもいそしみました。恥かしいなどという思いはまったくなく、生きていくのに一所懸命でした。

まだまだ元気いっぱい

また身を守り敵をやっつけるべく、竹槍を突く練習もしました。今にして思えば、あの訓練はなんて子どもじみていたことでしょう。二度とあのような時代はきてほしくないと思います。

やがて終戦。香春町長の推薦を受け、昭和二十五年から裁判所の家事・民事の調停委員を務めることになりました。家庭内の人間関係から生じるトラブルや、遺産相続、財産分与の問題が多かったと記憶しています。

当時の女性は、結婚することでしか身が立たず、たとえ夫やその家族との関係がうまくいかずに離婚したくても、生計をたてる術がありません。泣く泣く辛抱していたような時代ですから、めでたしめでたしといった調停は、滅多にありませんでした。

とくに、夫と別れたものの子どもを引き取れず、生木を裂かれるような思いで、生き別れを余儀なくされた、というようなことは多かったですね。子どもが泣き叫びながら母親のあと追いをし、母親が泣く姿に、思わずもらい泣きをしたこともしばしばでした。

私自身が三人の子どもを亡くしているので、母親の辛い気持ちはよく理解できました。当時、結婚した女性は「子どもと別れられないようなら戻ってくるな」、と実家の両親に言われていたものです。

子どもを連れて帰っても、肩身の狭い思いをするし、実家の家族構成が複雑になるということや、成人させるまでの苦労を思うと、安易には連れて帰れません。かりに縁あって再婚する場合にも、子どもは邪魔になると思われ、女性や子どもには辛い時代でした。

調停委員は昭和五十三年まで務め、七十四歳の時に最高裁判所で、永年勤続の表彰を受けることになりました。私が勤めに出ることに反対していた夫も、この時は一緒に上京して喜んでくれました。

調停委員を務めたおかげで、家庭にいるだけでは分からないことや、他では学べない社

調停委員永年勤続の表彰を受ける

会勉強ができ、世の中の裏表がつくづく分かりました。大変なこともありましたが、職業のない女性の弱さを身をもって知っていただけに、長い間がんばることができたのだと思っています。調停委員をするかたわら、保護司を二十数年、檀那寺《だんなでら》の仏教婦人会長を三十数年務めました。

昭和五十四年、長年連れ添った夫に先立たれました。戦争や子どもを亡くすなど、辛いことも多く経験しましたが、夫と五十年も連れ添えたことは幸せでした。

現在、健康状態はよく、最近まで菜園の手入れをしていました。時にはピアノを弾いてストレスを解消しているほどで、入れ歯だって一本もありません。家族には「まだまだ元気で長生きできそうだ」と言われております。

娘夫婦と同居していますが、その娘も私の後輩として調停委員の道を歩んでいます。

「限りある身の力試さん」が座右の銘

滝田和子

学問は当たり前

私は兄三人、弟二人の六人兄弟の一人娘です。父は現在の慈恵医大の一回生で、その頃、百姓の伜が医者になるなんて大それたことだ、といわれたそうです。

父は明治九（一八七六）年生まれ。祖父が百姓より医者で身を立てよ、と勧めたといいますから、新しい考えを持った人だったのでしょう。母は造り酒屋の娘で、福岡女学校を卒業しています。このようなわが家は、学問をするのは当たり前という家風で、両親は子どもたちにあまり干渉せず、一人娘だからといって甘やかされた記憶もありません。

小学校では、男子と女子は教室が別々でした。福岡県立嘉穂高等女学校（現嘉穂東高

学問するのは当たり前という家風の家で育った

校）へ進みましたが、当時、進学する者は一学年に四、五名で、男子中学校は五年制、女学校は四年制。教育内容にも違いがあり、女学校は数学の時間が少なく、家事、裁縫などの時間がありました。

父に、女性も教育をしなければならないと勧められ、奈良女子高等師範学校へ進みました。全寮制で炊事当番や行事などもあり、寮は私の専攻・家事科のホームマネージメント実践学習の場にもなりました。学校は四年制で、授業料は免除。ただし、二年間は教職につかなければなりません。

卒業後、宮崎県立宮崎高等女学校

（今の大宮高校）へ就職して二年の義務を果たし、請われて福岡県立直方高等女学校に一年半勤務しました。

北支へ

満鉄にいた兄が中国の青島《チンタオ》で病院を開業しましたが、兄嫁が病気になったために母が手伝いにいき、のちに交代して私が行きました。

昭和十六（一九四一）年二月、大東亜戦争の始まる前に、兄の友人と見合い結婚をしました。いい人にめぐり合い、私の人格を尊重してくれて幸せでしたが、終戦前の二十年六月に召集されました。子どもが三人、しかも一番下が生後三カ月の時のことでした。

当時、防空訓練があり、居留民団の在郷軍人が毎日うちにきて、小さい子どもがいると困るので、満州に疎開するよう強制されましたが、「皆さんには迷惑かけません。いざとなれば自決しますから、自決用の青酸カリをください」と言うと、こなくなりました。

主人と一緒に応集された方の家族は、やはり疎開するよう強制され、断われなくて疎開されましたが、途中で終戦になり行方知れずになられました。私もあの時、覚悟を決めて断わっていなかったら、子どもたちは死んでるか、残留孤児になっていたかもしれません。

戦後、主人は中国から技術者徴用で残されましたが、日本人が少なかったために治安が悪くなり、子どもが中国人から石を投げられたり、唾をかけられたりするようになりました。そこで帰国嘆願書を出してやっと認められ、昭和二十一年五月に引き揚げました。

日本への船の中では麻疹がはやり、次々に感染。死んだ子どもは水葬しました。私の子どもたちは幸いにして、引き揚げ前に麻疹にかかっていたので、難を逃れることができました。

再就職と子育て

私の人生を大きく変えたのは、戦争と主人の死だと思います。

昭和二十六年五月、主人が亡くなり、敗戦と重なって大きなショックでした。その時、子どもは小学校四年生、三年生、一年生、三歳、そして私は三十五歳でした。

兄たちが援助の手を差し伸べてくれましたが、自分の力で子どもを育てねばと思い、学校に再就職しました。

勤め出して五年間くらいが精神的、経済的、肉体的に一番きつかったと思います。家庭では子どもにも役割を分担し、「鍵の当番」「風呂当番」など責任を持たせました。私も十年間のブランクがあったし、学制も変わっていたので、必死に勉強をしました。子育てと仕事とで大変でした。子どもには寂しい思いをさせたと思います。

実行力を身につけよう

昭和四十六年、県の教育委員会に入って指導主事になり、五十六歳で行政の勉強。この時も大変でした。このようにいろんな過程を踏んだおかげで、私なりの哲学を学びました。

まず、困難なことに対して決して逃げてはいけません。必死に立ち向かうことです。ふたつ目は、覚悟を決めてことに当たるとたいてい成功するが、いい加減な覚悟では達成できないということです。

「憂きごとの尚この上に積もれかし限りある身の力試さん」を座右の銘として、苦しいことがあると、今、自分の力が試されているのだか

困難を越えたからこそ笑顔がある

らがんばらなければ、と自分に言い聞かせてきました。

自分の生きざまから、思うことを二、三申し上げたい。

戦争は絶対にいけない。さらに、世の中が民主的になって、いろんな束縛から解放されたのはいいことですが、願望があまりにも自己中心的になりがちです。私たちは人の道からはみ出さないように、周囲のことを考える余裕をもって行動しないといけないと思います。また、母親は子どもを愛情こめてしっかり育て、善し悪しの判断のできる子どもに育ててほしいと思います。

今こそ、もう一度家庭教育を見直す必要があるのではないでしょうか。

現代は、女性も充分主張できるようになってきたのだから、それに伴う実行力をつけなければならないと思います。言うこととすることが違うのでは認めてもらえないし、同じ力であれば、まだまだ男性が選ばれるのが現状です。女性も意識を変えて、力を養う努力をすべきだと思います。

筑豊初の女性議員として

西野おみ

議員に立候補する

明治三十六（一九〇三）年一月五日、私は七人兄姉の六番目として西川村八尋《やひろ》のお寺、松野家で生まれました。現在九十七歳です。

室木《むろき》尋常小学校から直方女子工芸学校に学び、二年間、お茶やお華などの花嫁修行をしたのち、和裁を習うために福岡市の川島裁縫学校へ二年間通いました。

卒業後、一年間郵便局へ奉職し、十九歳で結婚。両親は、粗末ではあるが、タンスなど大きなものを持たせてくれ、三日三晩の祝宴を行いました。

私が村議会議員に立候補したのは、女性に参政権が生まれた頃で、当時は女性の議員選

議員として活躍

出が盛んになっていました。婦人会の席上で、そのような新聞記事の一節を読んで聞かせたことがきっかけとなり、西川婦人会からも議員や教育委員を送り出したいという気運が高まり、何人かの人の名前が挙がりました。選考の末に私が推薦され、ずいぶんと戸惑いましたが、皆さんの熱意に押し切られて、何も分からないまま立候補することにしました。

初の女性候補者ということで、婦人会未亡人会の推薦を受けてたくさんの票を持っていくのでは、と他の候補者の方々からずいぶん反感を持たれたようでした。しかし皆様のおかげで、法定費用はほとんど使わずにすますことができ、中位のところで当選させていただいて、安堵いたしました。

さまざまな工夫と取り組み

議会に出て第一にやったのは、あまりに少額だった婦人会未亡人会助成金の増額のお願いで、すぐに増額していただきました。

次に、結婚式改善に乗り出しました。議会で結婚式の簡素化の話をしたところ、議員一同賛同。早速、村で貸衣装一揃いを作ってもらい、毎晩、提灯を下げて村中の各支部のもとを訪ねて回りました。集まった支部の会員に衣装を見ていただき、結婚式改善の重要性を懇々と話しました。

また、議会では教育委員と交通委員をやっていました。当時は自動車道がなく、みんな不自由をしておりましたので、交通委員の仕事の一環として、委員五、六人でたびたび直方駅前のバス営業所に行き、バスを通してもらうよう、交渉に交渉を重ねました。

宮田を起点として室木経由西川新延《にのぶ》を通り、中山までのバス路線がついに開通。実際にバスを見た時は、夢のようだと感激しました。

当時、世の中は、食べる物も着る物も、だんだんなくなりつつありましたので、県の生協から急いでサージの生地を取り寄せ、婦人会の会服を一人一着ずつ作ることにしました。

そしてこれを入学式、葬式、結婚式、婦人会の会合、旅行には必ず着用する、という規約

俳句が生きがい

を設けました。このアイデアは、「行事のたびに何を着ていこうかと考える必要がなくなった」ととても喜ばれ、また皆さんも規約にしたがってよく実行してくださいました。

その頃は婦人会が敬老会行事を催しておりましたが、敬老会の料理、記念品、演芸などを支部で手配するのは大変なので、婦人会の本部でやろうということになりました。

西川中学校の講堂を借り、料理は別の場所で作ります。さらに、おもしろいことで定評のある博多の淡海劇団という劇団を呼び、大好評でした。

次の年は博多にわかの一団にきてもらい、これまたとても喜んでもらうことができました。その翌年からは町が主催となってくれたので、婦人会としては大きな肩の荷を下ろすことができました。

また、当時はテレビもない殺風景な時代で、ただ働くばかりでした。せめて月一日くらいは映画でも観てもらいたい。そうした願いをこめて、映画鑑賞の日を定めました。中山の三菱炭鉱の会館に交渉して、その日は婦人会の貸切りの日として、入場料も安くしてもらいました。

生きがいは俳句

昭和三十（一九五五）年、三村合併が行われ、古月村《ふるつき》、剣町《つるぎ》、西川村が合併して鞍手町となりました。私どもも村議から町会議員になりましたが、一期のみで下りました。その後、郡の婦人会副会長、郡の農協副部長、直方家庭裁判所の調停委員など、すべての役職から下りることにしました。

主人は剣町助役をしていましたが、合併によって鞍手高校に勤め、その後、町の教育長として迎えられました。ところが不幸にして交通事故のため急死してしまいました。

私は二十三年間書道を指導してきましたが、八十八歳の時大病にかかり、以来手が震えるようになったために、やめてしまいました。

今では四十年間続けている俳句だけが生きがいです。

女性運動に生涯を捧げる

野副マスクリ

あだ名は哲学者

私は明治四十一（一九〇八）年、佐賀県小城《おぎ》の農家に生まれ、二〇〇〇年で九十二歳です。三歳の時に両親は職を求めて直方に転居。父は剣道の指南で、大変厳格に育てられました。

幼い頃は、柿の木に登って遊ぶようながき大将で、女学校時代には教会に通い、子どもを対象に日曜学校を開いていました。

女学校卒業後は美術学校に行きたかったのですが、父に反対されたため、下関にあるキリスト教系の梅光女学院に進学。本ばかり読んでいたからでしょうか、「哲学者」とあだ名されました。

この時期の徹底した読書の影響で、「男の作った法律のもとで、なぜ女性が差別を受けなければならないのか」と、男尊女卑の世の中のありかたに、疑問を持つようになります。

女性運動に飛び込む

私を魅了したのは、当時の婦人参政権獲得同盟の市川房枝、山川菊江、奥むめお、平林たいこなどの女性運動家でした。私は卒業を待たず、寮を逃げ出して上京。当然、父親からは勘当されました。

東京では婦人参政権獲得同盟に入り、新聞を売るなどして生計を立てながら、婦人運動に携わりました。公娼廃止運動もやりました。男性優位の時代にあって、女性が少しでも参加できる社会にしたい、との思いで飛び込んだ運動でした。

生涯を婦人解放運動に捧げる

市議選に8期連続当選

当時の女性運動家は、治安維持法の「従来の婦人の美徳を乱す」という理由で逮捕、投獄されていました。私の場合も逮捕されたのは一度や二度ではなく、拷問を受けて生爪をはがされたり、ひどく殴られたりと、辛い拘置所生活を体験しました。やっと釈放されたら、玄関で別の警察に迎えられ、たらい回しにされたこともあります。このような逮捕、投獄は二十数回に及びました。

蒲田にあるベークライト工場で働き、そこで空襲に遭いました。

工場では男性が全員戦争に駆り出されていたために、工場長のようなことをやらされ、終戦までそこにいて、最後は工場整理まで行いました。

地元で婦人解放運動を展開

戦後間もなく、マッカーサーが婦人参政権を与えましたが、私はこのことを知った時、嬉しくて嬉しくて、部屋の中で小躍りして喜びました。婦人参政権獲得に青春を賭けて闘いましたので、私の人生の中で一番嬉しいできごとでした。

やがて直方に戻り、ここでも婦人解放運動を展開していくことになります。まず、戦争未亡人を結集して「白菊会」を作りました。全国で二番目の結成です。その後、それまであった国防婦人会を婦人連絡協議会と改め、私は副会長となりました。

一方で、「婦人議員をつくり育てる」運動を進めていましたが、私たちの推薦する女性候補は皆落選。そこで、多くの婦人たちが私を推してくれたため、市議選に出馬することになりました。

初出馬した昭和二十六年は落選。昭和三十年に初当選して、直方初の女性議員となったのです。以後、お金のかからない婦人たちの草の根選挙によって、連続八期の当選を果たすことができました。

七十四歳八期目の時、満場一致、投票なしで市議会の副議長に選出されました。県初の女性のポストでした。市議在職中は教育委員に女性を登用したり、公務員給与の「わたり制度」を廃止したりと、さまざまなことに取り組んできました。

市議とは別に、裁判所の調停委員を長年にわたって務め、最高裁判所長官の表彰を受けました。

現在は亡くなった弟の妻と共に暮らし、できることはすべて自分でやっております。

人生の中で、苦しいことはしょっちゅうでした。とくに戦争中はいろいろな経験をしましたが、勝っても負けても人を殺しあう戦争は絶対に嫌です。

今の若い人たちに伝えたいことは、まず先輩を立てる。暴力を否定する。両親を大切にする。そしてみんなで話し合いながら、いいところを残す努力が必要だと考えています。

人間は相互扶助的に、助け合って生きていく存在なのです。

「大納屋のじょこやん」と呼ばれて

能登原ハルコ

大納屋のじょこやん

明治四十四（一九一一）年一月十一日、私は田川郡上野村赤池の国廣千松、センの四人目の子ども、次女として生まれ、兄二人姉一人の六人家族でした。

母は義太夫の師匠で、芸名を野沢千鳥といい、作家火野葦平は田川神幸祭で母の芸に触れ、作品の中で「野沢千鳥という浄瑠璃語りは、たいへんモダンで美貌、そのうえ素晴らしい美声の持ち主で……」と書いています。

小学校入学前に父が病死。小学校二年の時、母は能登原伝三郎と再婚して、私は養女となりました。義父は方城《ほうじょう》町で人夫を何人も抱えていたので、私は「大納屋のじょこやん

（お嬢）」と呼ばれていました。

小さな頃から活発で男勝り。男の子がいじめられたといって敵討ちを頼みにくると、すぐに引き受け、仲直りをさせていました。

川で鯉をとって学校へ持っていき、先生が標本

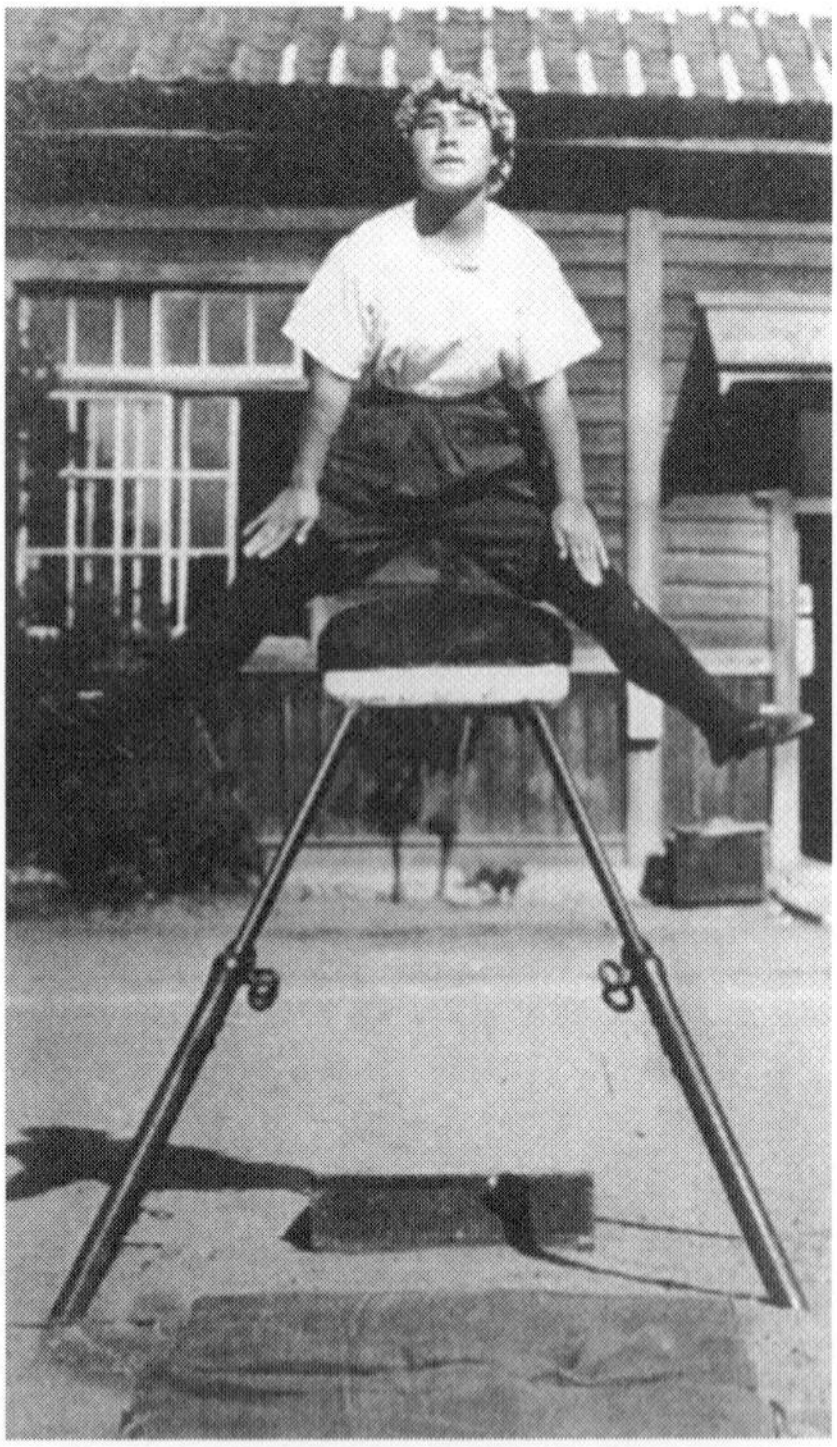

運動神経も抜群だった

にして理科室に飾ってくださったこともあります。勉強でも男子に負けることはなく、成績表はいつもすべて甲だったので、義父は私を自慢の種として、大変かわいがってくれました。

小学校を卒業すると、義父は女学校に進学するように勧めてくれ、私は受験のために、一人で一所懸命勉強しました。発表の朝、義父は朝四時に起床し、直方まで歩いて結果を

見に行き、校門が開くのを待ちかねて、二百人中十一番の成績で合格したのを確認すると、大喜びで帰ってきました。

千鳥タクシー開業

運動は大好きで、リレー、三段跳び、跳馬、洋弓となんでもこなしました。とくにテニスは得意でしたので、体操教師が東京の「二階堂体操学校」への進学を強く勧めましたが、これ以上義父の愛に甘えることはできないと思い、断念しました。

大正十四（一九二五）年、若松高等女学校を卒業すると、飛行機乗りになりたいと思って上京しましたが、身長が足りずに夢は破れてしまいました。操縦桿を握ることができないのならハンドルを握ろう、そう思った私は、自動車免許を取得して帰郷しました。

T型フォード四台を購入して、金田町でタクシー屋を開業。社名は母の芸名をとって「千鳥タクシー」としました。

当時は女性ドライバーが大変珍しく、また隣町の方城町には鉄道が通っていなかったために、利用者が多く、おかげで商売は繁盛しました。中には子どもをタクシーで、幼稚園に通わせる家もありました。糸田町のお客も多かったので、そこに支店を出して義父の弟

誕生日のお祝い

に経営を任せました。

昭和十二（一九三七）年、二十八歳の時に夫幸市を養子に迎え、結婚後もハンドルを握りました。しかし過酷な仕事によって体調を崩し、流産を繰り返すようになったうえ、戦争が激しくなって燃料のガソリンが入手困難になりました。そこでついに昭和十九年、廃業を決めたのです。

支えあい、助けあう

戦後、三男四女の母となり、家族十一人の生活を支えるために、夫と共に運送業を営みました。まもなく夫は同業者と資本を出しあい、陸運会社を設立。

やがて長女が学校を出ると、夫の会社の事

務員として働き、家計を助けてくれるようになりました。ところがこの合資会社は長くは続かず、借金だけが残りました。厳しい苦労と貧乏の連続で、時には借金取りに脅かされることもあったほどです。

しかし何事にも辛抱強く、決して泣き言をいわず悔やまず、目の前の困難を自分の力で乗り越えていくことができました。

その後、夫は自動車電気関係の仕事を始め、自動車の普及に伴って事業は次第に軌道に乗っていきました。長男が手伝うようになってから、夫の会社は順調に発展。二つの支店を持つほどになりました。また、長男は町会議員に推されて、ようやく私たちの苦労が実る時がきたのです。

しかしほっと息をつく間もなく、昭和四十九年十一月十七日。夫が七十一歳で他界。

私は昨年八十八歳の誕生日を迎えました。苦しかった過去のことは脳裏から消え去り、時には「大納屋のじょこやん」に戻り、母の義太夫や義父のひざのぬくもり、千鳥タクシーを開業した日の喜びを懐かしく思い出す、穏やかな日々を送っています。

亡夫の結社「菜殻火」を継いで

野見山ひふみ

両親と大勢の兄弟と

私の両親は八女郡星野村の出身で、父は庄屋の流れをくむ家の次男、母は久留米藩士の娘で、祖父の代に禄を離れて、八女に移住したと聞いています。父は農家の次男としての苦労が絶えず、遂に決心して知人を頼り、嘉穂郡稲築《いなつき》町の炭鉱で働くことになったそうです。

母方の従姉妹《いとこ》が次々と結核に倒れ、私も十四歳で結核を発病。しばらくは自宅療養をしました。

日支戦争に突入する前後で、少し元気になると、遊んでいることがはばかられ、ちょうど医師の勧めもあって、古賀町の国立療養所清光園に見習い看護婦として入所。一年あまりで試験に合格して、正看護婦となりました。

朱鳥と出会う

この療養所に、あとで結婚することになる野見山朱鳥《あすか》が入所してきたのです。野見山朱鳥は本名を正男といい、直方市新町の呉服商野見山直吉の次男で、姉三人、兄一人、妹一人の六人兄妹。鞍手中学校の三年生の時結核を発病し、切望していた画家への夢をあきらめて、二年ばかり療養したのち、快復したので姉を頼って上京しました。昼は兵器工場の製図をしながら、鈴木千久馬絵画研究所に通っていたそうです。

しかし二十三歳の時結核が再発したため、直方に帰郷しました。朱鳥は父の妹にあたる野見山不二に勧められて、作句を始めています。ついでながらこの叔母は、二十歳でアメリカに留学し、二十六歳から母校の日本女子大の教授を務める、当時としては翔んでいる女性でした。

敗戦の色の濃くなった昭和十九（一九四四）年に、比較的元気な病人は皆退院ということで朱鳥も退院し、療養中から師事していた高浜虚子の「ホトトギス」に投句。めきめきと頭角をあらわすこととなります。
私は療養所を辞めて、保健婦学校に通い始め、九州大学の遠城寺教授や見田教授の講義を受けました。
福岡の下宿で六月十九日の大空襲に遭い、やっと郷里の稲築に帰り着いて、一年ばかり飯塚保健所に勤めたのち、昭和二十一年、約束通り野見山朱鳥と結婚しました。
朱鳥は一筋に作句に励み、昭和二十一年十二月号の「ホトトギス」六百号で、
火を投げし如くに雲や朴の花
なほ続く病床流転天の川

の二句が巻頭を飾り、一躍俳壇に出ることになります。

朱鳥と句作に励む

次第に元気になって、近くの宮田大之浦、日炭高松、上山田、飯塚麻生などの句会に指導にいき、少しずつ生活の形が整ってきました。

句作の道を歩む

昭和二十四年末、朱鳥は私が編んでいる毛糸を見ながら「俳句を作ってみないか、俳句は喜怒哀楽の心の拠りどころになる。女も何か文学的なものに触れているほうがよい」と言いました。その一言で私は作句を始め、「ホトトギス」に初投句、初入選したのが、

寄せ集めだんだら縞の毛糸編む

でした。

昭和二十七年に朱鳥は俳句結社の同人誌「菜殻火《ながらび》」を創刊。その後すっかり元気になり、北は北海道、南は鹿児島まで、長い時は一カ月にもおよぶ旅行をしました。家にいては版画を彫り、水彩画、油絵を描き、二、三編の小説、数多くの評論を書くなど、休む暇もない活動ぶりでした。

昭和三十三年に私が結核を再発し、続いて朱鳥も再々発してしばらく療養したのち、二

多忙な毎日を過ごす

人とも快復。しかし、その時の薬害のため、十年後の昭和四十五年二月、朱鳥は肝硬変で五十二歳の生涯を終えました。

その後「菜殻火」の存続問題が起こり、主要同人によって話し合いが持たれましたが、朱鳥の遺言が生かされ、私が継承することになりました。

主宰などできないと断り続ける私でしたが、「立派な弟子を残してゆくから大丈夫だ。僕の魂はこの世に残って『菜殻火』を守るよ」との言葉通り、多くの優れた弟子に守られ、「菜殻火」は今日まで続いています。

月に四十回の句会の指導

今の私は、吟行を含めて月に四十回の指導句会と、毎月三千句以上の「菜殻火」その他の選をし、毎日送られてくる添削句稿に目を通して、月刊八百部の「菜殻火」の発行を続け、まさに席の温まる暇もないありさまです。

平成十二（二〇〇〇）年二月は朱鳥の没後三十年にあたり、これにあわせて「絵画と俳

句　野見山朱鳥の世界展」が開催されることになりました。そのための後援会が結成され、伝統、現代、その他の俳句結社および文化団体などなど、派閥を越えた善意の人々の手で準備が進められています。

朱鳥の遺言とはいえ、主宰という重責を背負っての日々は楽ではなかったのですが、すぐに句会の指導に行き始め、その後みるみるうちに句会が増えて、二人の子どもの学費も、結婚の費用もすべてそれで賄うことができました。

朱鳥の遺画、遺墨は一枚も売らずにすみ、それが今回の「朱鳥の世界展」開催につながっていることを思うと、これも朱鳥の深慮の遺言であったかと考えています。

平成十四年は「菜殻火」五十周年、六百号、朱鳥三十三回忌、と同時に迎えます。『野見山朱鳥　全四巻』を出版し、その他多くの朱鳥に関する書物を出し、没後三十年の歳月は確実に流れたという思いのこの頃です。

朱鳥の提唱した「生命諷詠」の心を心として、これからも生命ある限り、俳句およびそれにまつわる文学と共に生きることを念願しています。

子どもに囲まれた一生

堀江チカエ

十一人の子を育てる

田川市から山田市へと続く、ちょうど真ん中あたり、猪位金《いいかね》をすぐ前に見ながら、農家ならではの広い前庭の続く落ち着いた雰囲気の家で、私は息子、孫、曾孫たちに囲まれて暮らしております。少し足が不自由ですが、いたって健康です。

私は二十歳で結婚し、一年後、不慮の事故で夫と死別した時には、おなかに子どもがいました。七年後に再婚しましたが、先妻の子どもが四人、その後、三人の子どもができました。ところが私の弟が戦死したため、家族と共に実家に戻り、弟の子三人と父の計十四人が一家族となりました。

「一人育てるも十一人育てるも一緒たい！」と腹をくくって、継子と人にいわれないように、分け隔てなく育てました。

戦後、農家には拠出米が人数によって割り当てられました。大人一人につき、米一俵を出すというのは、多人数を抱えたわが家にとって、並大抵のことではありませんでした。毎日弁当を七つ作り、おかずは漬物。文句をいわせないようにするのも大変です。

曲がったことは大嫌い！

従兄弟《いとこ》同士が喧嘩する時は、「喧嘩するなら外のもんとせえ」と一喝して両成敗にしました。女の子には、セルの着物を人数分のスカートに仕立てて、ジャンケンで勝った者から順に取らせたりと、気を遣うことはきりがないほどでした。

子どもたちもさることながら、家の中で難しいのは、父と主人とのどちらを立てるかということでした。判断に苦しむこともよくありましたが、それでも当たり前と思うことは遠慮することなく、ポンポンいってきました。

私自身は八人弟妹の長女で双子。幼い頃から家族が十人以下、ということなんてありませんでした。やることがいっぱいあって、腰を伸ばす暇もなく、母はいつも二重になって働いていました。大きな農家で大家族。長女として弟妹や家族の世話、親戚とのつき合いなど、幼い頃から人の中で揉まれ、年がら年中人への気遣いを心がけていました。

結婚、再婚、出産、子育て。腰を曲げて働いていた母同様、私もまた息つく暇もない毎日でした。

名物豪傑ばあちゃん

女性として一番充実する三十代、四十代にかけては、戦争がどっかりとのしかかり、大家族を抱えての食料難、疎開、家の跡取りといったことが、「嫁」の役割を二重にも三重にも重くしていました。

しかし負けてはおれません。私は曲がったことが嫌いで、村の揉めごとにもちゃんと自分のいい分を述べ、物事に筋を通して生きてきたつもりです。また、困っている人を見逃

喜寿を孫と曾孫も祝ってくれた

すことができず、とことん面倒をみてしまうタイプ。猪位金では「豪傑ばあちゃん」で通っているようです。

生まれてきたからにゃあ、良心に恥じんごと生きなぁいけません。今の若い者は自分が反省せずに「キレる」とか、「ハジケる」とか言いますが、「冗談言うな！」と私は言いたい。でも向こうが聞く耳を持っとらんき、いいません。何事にも奉仕の気持ちを持って行動すれば、人と人が喧嘩することはありません。

年をとると世間が狭くなるといわれますが、社会とのコンタクトも忘れておらず、毎朝、新聞二紙に目を通し、週刊誌も読みます。お気に入りはクイズで、答え合わせを楽しみながら頭の体操をしています。日記、出納帳は毎日つけています。

健康に気遣い、まず指の先からグルグル回し、手、足、首と順番に動かしながら体操をして、自分の身体をチェックします。また、自分でできることは人に頼まず自分で行い、それを健康の源としています。時には自分の洋服を縫うことだってあります。

これまでの人生を振り返って楽しかったことは、なんといっても子どもを一人ずつ片づけてゆく結婚式です。

逝きおくれ日々を楽しく四代で子に孫にひ孫集いて宴たけなわ
夫二人みとりて我は九十六歳

生涯、学び続けたい

宮本ヨシヱ

父母と夫と

私は父保太郎、母ロクの次女として明治三十四（一九〇一）年に生まれました。

父は学者肌の人で、漢文や漢詩の研究をしていました。博多の住吉近くに高場《たかば》乱《おこむ》先生の「人参畑」という学問所があり、荻生徂徠派の儒学を継承した乱先生の推薦により、福沢諭吉の門下生として、慶応義塾に学んだようです。帰飯後、教師をしながら漢文（漢詩）の研究を続けていました。商家でありながら家業にはまったく関知せず、学問一筋の人でした。父がいつも「本を読みなさい」と言っていたのを憶えています。

母は筑穂町の酒造家の出で、大変活発な人でした。飯塚駅前で旅館を経営したり、仕出

大正7年嘉穂高等女学校卒業記念

しや土産物、駅弁などの販売を手がけ、評判もよかったようです。

幼い頃の飯塚駅前は、菰田《こもだ》から一本の道が通っているだけでしたが、昭和八年に昭和通りができました。炭鉱全盛期にはお酒を飲む人も多く、飲食店が繁盛していました。筑豊名物永昌会《えいしょうえ》には、町中が鐘や笛・太鼓の音に包まれ、直方や近隣からも多くの人がやってきて、身動きできないほどの賑わいでした。

飯塚尋常小学校へは着物で通いました。子どもの頃は、自宅の床下に碇川《いかり》が流れていたので、よく兄弟でフナやナマズを釣ったものです。

長じて結婚。父の姉の三男をわが家の婿

国防婦人会で出征軍人を歓送

養子として迎えました。

夫、言道は郡役所に土木設計技師として勤務していましたが、後年彼の兄が経営する製材所に移って、製材・木材販売に力を注ぎ、主に坑木を炭鉱に販売していました。職場の主従関係は明確で、従業員に対して厳しい反面、礼儀正しく公私にわたって大変面倒見がよかったので、従業員とも家族的なつながりがありました。

夫は昭和十一（一九三六）年の三月から二十二年まで飯塚市議会議員を、その後昭和二十七年から三十一年まで、戦後初の公選による飯塚市教育委員を務めさせていただきました。昭和三十年には、全国中小企業政治連盟九州支部長として、当時の日産コンツェルンの代表・鮎川義介氏との協議などで、たびたび上京しておりましたが、三十九年、東京オリンピックの直前に肝硬変で他界しました。

趣味に仕事に、負けん気発揮

夫が亡くなってからは材木商をやめて、跡地をアパートや駐車場にして、現在も経営しております。

仕事だけでなく、余暇の楽しみもあります。七十六歳で二十日間の欧州旅行をしました。パリの凱旋門に出かけた時、ツアーのバスがそのまま通り過ぎようとするので、停めてもらい、「ちょっと行ってきます」と先頭を切ってあの高い門に上り、シャンゼリーゼ通りを見下ろしました。門の造りはどうなっているのだろうと思うと、どうしても確かめないではいられないのです。絶景であったのはいうまでもありません。

八十二歳の時には孫娘二人とカナダ、アメリカを訪ねました。物見遊山も大切ですが、旅先で泊まるホテルや歴史的建造物を材質、デザイン、間取りなどの観点から見て、自分のマンション経営に活かしたりしています。

趣味でも負けん気を発揮し、モノにするには最低十年は続けなければならない、という意気込みで、日本舞踊、お謡、習字、お華に取り組みました。中でも足、腰、全身を使って書く力強い書道は性に合ったようで、墨の濃淡の奥深さに魅了されて入れ込みました。アパート経営で、「貸間あります」の貼紙をする必要から始めた書道ですが、筑豊書展で大賞に輝いた時はとても嬉しかったです。十年前まで続けていましたが、転んで大腿骨を骨折してからは、踏ん張れなくなり、大きな字は書かなくなりました。今では数々の賞をいただいた作品を眺めて、楽しい思い出に浸っています。

このような人生を送ってきて思うのは、新しい世紀が人類にとって平和で楽しいものになってほしいということ。私が生まれた頃から、日本は日露戦争、第一次世界大戦、満州事変、上海事変、日支事変など、戦争に明け暮れました。とくに第二次世界大戦での数々のできごとは、辛く思い出されます。

孫や曾孫たちが、「竹槍」の訓練などすることのないよう祈るばかりです。

書では数々の賞を受賞

農業一筋に生きて

村田千代子

心に残る「階段は何段？」

私の家は農家で、七人姉妹の二女として生まれました。男衆や家の仕事をしてくれる手伝い人など、十数人が共に生活をしていました。

父は村会議員で家にはあまりおりませんが、運動会の時だけは、テントの中から応援してくれます。しかし走るのが苦手な私は、悔しい思いをしたものです。

女学校に進学するために、小学五年生の時から補習を受けました。県立京都《みやこ》高等女学校の入試は二日間あり、一日目は筆記試験、二日目は口頭試問です。受験には客馬車で担任の先生と一緒に行きましたが、口頭試問の日、担任から「今、あなたが上がってきた階段の数は何段でしたか、と質問されたら答えられますか」と言われたことを、今でも覚えています。

当時、京都高女（現・京都高校）にはアメリカ帰りの先生がおられて、アメリカの珍しい話をしてくださるので、英語の授業が一番おもしろく、またこの先生からピアノのレッスンも受け、楽しい思い出となっています。

調理の時間に、ジャガイモの芽の取り方を習った時は驚きました。それまで私は何も知らなかったのですが、この時初めて新芽には毒素があって、これを深くきれいに取り除かなければならないことを知りました。

運動会では恒例の十字行進が印象に残っており、全校生徒による、あの整然とした美しい光景を忘れることはできません。思い浮かべると、今でも本当に元気が出てきます。

卒業後、看護婦になりたくて看護学校に進み、日本赤十字社に勤務しましたが、昭和十一（一九三六）年二十一歳で結婚させられました。というのは、私の両親と先方の両親とで強引に話を進めたからです。村田家を守ることと、親戚としてのつながりを維持していくことが、当時はとても大切だったのです。結婚によって看護婦の仕事を続けられなかったことが、大変心残りでした。

孫と旅行。ホテルにて

生きるために農業に励む

大層な家柄と聞いて嫁いできましたが、夫は病弱で仕事はしませんでした。舅は家風を重んじて、家のしきたりを細々と教えてくれましたが、姑と義妹に意地悪されて我慢できず、実家に帰りたいと幾度も思いました。

しかし舅は私をかわいがってくれましたし、翌年長女が生まれたので、精神的には落ち着きました。夫も子ども好きで、長女をかわいがってくれました。

この年、日中戦争が始まって第二次世界大戦となり、男衆は次々と出征。舅は男衆やその家族の男子が出征するたびに、私に門司駅まで見送らせていました。私はこの時、自分がなぜかしら涙を流したことを忘れられません。

太平洋戦争になってからは農家でも、味噌、塩、砂糖、米（一人につき二・五合）など、日用品や主食すべてが配給制で、衣料品も統制されて日常生活が大変窮屈になりました。しかし「勝つまではがんばります」と、国民みんなが困窮に耐えて生き延びてきました。

やがて終戦を迎え、農地改革、貯金封鎖などで、戦中とは異なる意味で生活が狂ってしまいました。私の生活も一変。切り詰め主義へと変わりました。

昭和二十二年、夫が死亡。続いて舅も死にました。私は三十二歳、長女は九歳、三男は一歳でした。三男二女の五人の子どもを抱えていましたので、奈落の底に突き落とされた思いでした。

自分の持っていた着物で子どもの服を仕立てて着せたり、生きるために農業の仕事も習って米作り、野菜作りに精を出しました。家のため、子どものためという思いで一所懸命働いてきました。

女手ひとつで５人を育てた

八十二歳になった今、子どもたちも成長して、社会の一員として仲間入りができたことを心の支えにして、余生を楽しく送っています。五人の子どもを女手ひとつで育てた経験を、折に触れて話しますが、人間はどん底から這いあがる時、火事場の力のようなものが出ると思います。皆さんも自分に負けずに頑張ってほしいと思います。

そして私の経験からいえば、女の子にも職業を持たせることは大切です。わが家でも長女は現在高校の教師、次女は市立病院の総婦長をしており、共に退職年齢までがんばり通すことと思います。

燃えつくす女のこぶし

森田ヤエ子

実父の死、継父の死

私は昭和二（一九二七）年、新潟県南魚沼郡湯沢町で生まれましたが、育ったのは継父の仕事の関係で、岩手県の花巻や遠野でした。

父は私が二歳、弟が乳飲み子の時に病死しました。その後、母は私と弟を連れて再婚。二人の女児を産みました。私は岩手県の綾里尋常高等小学校に入学しました。

昭和十八年、私が十五歳の五月、継父は信濃川水力発電所の工事現場で、事故に遭って亡くなりました。

残された私たち親子は同年十一月、継父の友人を頼って鹿児島の指宿《いぶすき》に行くことになり

作詞した歌は全国の労働者の支えとなった

ました。指宿海軍航空隊の弾薬庫を請け負っていたその人から、食べる物、着る物などを与えられ、優遇されて大事に育てられました。私は海軍航空隊施設部の事務員として、終戦を迎えました。

筑豊の炭鉱へ

戦後、指宿の職安から炭鉱へ行かないかと誘われ、みずから希望して炭鉱景気に沸く筑豊に移り住みました。炭鉱に就職する時は職安から旅費が出た時代で、母も弟も二人の妹もついてきました。

最初にきたのは山田の筑紫炭鉱で、二カ月ほど坑内に下がって働きました。やがてスカウトされて樋口炭鉱に入り、勉強しながらサークル誌など出しているうちに、多くの人々と知り合い、三菱上山田炭鉱に採用されました。

昭和二十五年四月、当時三菱上山田炭鉱薫風《くんぷう》寮の自治会長を務めていた、森田実五郎と結婚しましたが、子宝には恵まれませんでした。

炭鉱では、明けても暮れても増産、増産に追われる毎日。そんな中で、炭鉱労働組合の文芸コンクールに投稿した「売店について」という詩が特選になり、その時の選者が「最も西欧的な詩人で、特選一席と二席の間には、かなりの差があり光っている」とほめてくれました。

「がんばろう」、全国に広がる

昭和三十四、五年の三池闘争の時、なかなかよい労働歌が生まれずにいました。主に歌う詩の勉強をしていた私は、「忙しいだろうけど会社を休んででも三池にきてくれ」と、うたごえ行動隊に頼まれ、座り込みを続けている人たちを激励して回りました。

あの時目にした主婦たちのデモ姿の、なんと力強く凄かったことか。まさに燃えつくす女の姿でした。昔、読んだ本に「女性の参加しないストライキに勝ち目はない」と記されていました。三池争議で女たちは、「夫の闘争を支える」ことから、「夫の尻を叩いて一緒に闘う」というような思想的な成長をみせ、直截《ちょくせつ》でてらいのない行動で、みずからの戦闘部隊を組織していきます。「燃えつくす女のこぶしがある」という、女の強さが光り輝いていたのです。作詞はまずここから始めました。

山田に戻るとメーデーの催しが下山田小学校の校庭であり、全日本自治団体労働組合の皆さんが、蛇行デモでやってくる姿を見て感動。闘う三池の労働者、そして主婦たち。この両者を結びつけて、労働歌「がんばろう」は、昭和三十五年五月十日にまとまりました。

三池製作所の荒木栄さんに曲をつけてもらい、披露すると、「変わっているけど、よか歌ね」とみんなに喜ばれました。「がんばろう」の歌は、砂地に水が吸い込まれるように、アッという間に全国に広がり、六月十日、東京における日米安全保障条約改定反対の大集会で歌われました。

がんばろう!!　つきあげる空に
くろがねの男のこぶしがある
もえつくす女のこぶしがある

闘いはここから闘いは今から

がんばろう!!　つき上げる空に
輪をつなぐ仲間のこぶしがある
押し寄せる仲間のこぶしがある
闘いはここから闘いは今から

がんばろう!!　つき上げる空に
国の内外《うちそと》のこぶしがある
勝鬨《かちどき》を呼ぶこぶしは一つ
闘いはここから闘いは今から

この歌が全国で歌われるのは、面映ゆいほどでした。私は荒木栄さんとうたごえ運動の創作活動を展開し、その生涯を描いた『この勝利ひびけとどろけ』は、東大前の大月書店から出版され、瞬く間に五千部全部が売り切れてしまいました。

著作の数々

苦しみを越えて

このような人生の中で、一番辛く苦しかったことは、夫がレッドパージにされたこと、炭鉱労働者の失業対策事業に入り、ようやく二人で働いて人並みの生活ができるようになった昭和五十九年に、病気で夫を亡くしたこと、貧乏したこと、差別を受けたことなどです。

私は夫の死後も、一般失対労働者として働き続け、全日本自治体労働組合建設一般労働組合山田支部の最後の委員長も務めました。平成七（一九九五）年、支部は解散しました。

最近は「地雷ではなく花をください」を作詞し、福岡市在住の音楽家田中みずほさんに作曲していただいて、歌い広めています。また月一回ある山田市の「らくらく読書会」に参加することを楽しみにしながら、宮沢賢治の童謡を書こうと取り組んでいるところです。

平成十一年八月二十日から三日間、「日本のうたごえ全国大会」が北海道・札幌で開催されました。炭鉱の懐かしい歌の数々も歌われ、「がんばろう」は、今でも元気に歌われております。

江戸の旅篭を今に守る

安永ツギ子

負けん気な子ども時代

明治四十一（一九〇八）年、私は植木町の米屋の八人兄妹の二番目に生まれました。子どもの頃は、男の子のすることはなんでもして遊ぶようなお転婆でした。お手玉もしましたが、男の子に混じって鉄砲袖で風を起こし、今でいうところのメンコである、パッチンを返していました。男の子と喧嘩もするし、夏には遠賀川で真っ裸になって泳いでいました。

女らしくはなく、お雛様を飾るよりも師団の名前を覚えるのが好きで、男の子がどうしたら覚えられるのか聞きにくるほどでした。家の手伝いはもっぱら妹がして、私は親に怒られた時にしていたくらいです。

当時の楽しみといえば年二回の多賀さんのお祭りで、祖母が連れていってくれました。うちの隣には郵便局があり、蒲鉾《かまぼこ》屋、漬物屋、豆屋、下駄屋、醤油屋、一銭菓子屋、臼を造る機械屋、白壁の地主の家などのある街並みでした。「白壁の家へお嫁にいく」と、つづり方に書いて評判になったこともあります。

小学校を卒業すると奉公に出て、会社に勤めている人と結婚したらいい、と親は思っていたようですが、直方高等女学校を受験させてほしいと先生に頼まれ、進学することになりました。女学校でも相変わらずお転婆で、同級生の自転車の後ろに乗って、校庭を走り回っていましたので、勉強の成績はすべて甲でしたが、素行は乙ばかりでした。

卒業後は学校の先生になると決めていましたが、不況で職がなく、家の手伝いやお華、お針の稽古をしました。おかげで嫌いだった針が好きになりました。

さまざまな出会い

みんなからはとてもお嫁になぞいけない、と思われていましたが、影見をされて昭和四（一九二九）年、二十二歳で結婚しました。嫁ぎ先は、江戸時代から続いている「清徳」

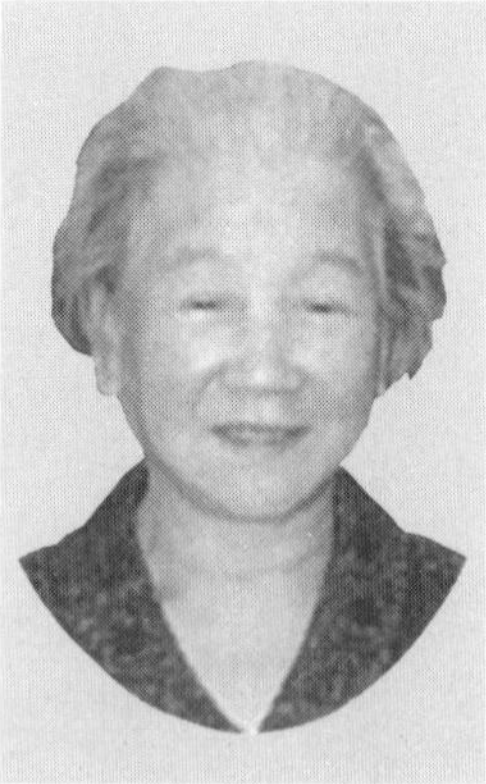

お転婆娘が女将に

という旅館。一男一女をもうけましたが、夫は間もなく結核となり、四年後に亡くなりました。二歳と三歳の子どもがむげなく（かわいそうで）、しかし私は悲しんではいられません。

その頃の旅館は陸海軍、門司鉄道、営林省など官公庁関係のお客が主で、客の帰りが夜中の三時になろうと四時になろうと帯を解かず、風呂にも入らずに待っていました。

夜なべで布団や丹前を縫い、クリーニングに出すのはシーツとカバーくらいでしたし、宿の造作などで借金が残っていましたが、毎月きちんと返していきました。

使用人は長く勤めてくれ、中には嫁入り支度をして出した人もいます。

以前宿泊なさった師団長さんが、二度目に直方へみえた時、駅に迎えに行きました。すると「女将、元気やったな」と市長より先に挨拶してもらい、「女ごちゃいいな、大将からすぐ挨拶してもろて」と市長に羨ましがられて、嬉しかったことを覚えています。

戦後は繊維関係が盛んになり、福井県から求人にくるお客さんが多かったですし、石炭で賑わっていた商店街の問屋さんで、鎌倉や箱根からのお客さんもありました。水害など

本格的に料理も習った

の災害の後始末の調べに建設省、土木事務所の人たちがみえ、徹夜で検査されて宿泊されたこともあります。

使用人に手を出す癖の悪いお客には、「旅館ならこそ泊めますバイ、何をしなすな」と出ていってもらっていました。

映画俳優の嵐寛寿郎《あらしかんじゅろう》、片岡千恵蔵、国鉄慰安会の芸能人たち、お相撲さんなど、いながらにして会えるのは楽しく、大鵬が泊まる時は布団から作りました。

新聞を早く届けたり、湯たんぽの湯沸かしに大変な思いをしたりと、お客さんを大切にさせてもらいました。

また月に一回、料理研究家の江上トミさんとその弟子を迎え、直方高等女学校の調理室を使って、二十人くらいで料理を教えてもらっていました。

ご先祖様の旅館を守る

時代が変わり、うちの隣に大型店が出てくるという話が持ち上がりました。市長や偉い人たちが次々とやってきて、「売んなしてビルの中に入んなっせ」と勧めます。

しかし私は「なんべんきたちゃ、同じ返事よ」「この家は私のもんじゃない、ご先祖さんから預かったもの。私の代で消すごとなる。自分たちの幸せのためにも売るわけにいかん」と、誰にも相談せず断りました。

なんにしても、譲ってもらった時より増えないかん。

着物を買うより道具物を買い、いいものを残したいと思いましたので、民芸ブームの走りの時期に民芸協会に入り、よく窯元を回りました。物を大事にし、欲しいものでも収入を考えて、買うのを我慢しました。

今は糖尿病で寝込んでいますが、嫁がよくやってくれています。いろんなことがありましたが、過ぎてしまったら、いいことだけしか残っていません。

自然のままに生きりゃいい……。

「どう生きるか」を問い続けて

矢野瑠羅子

師範学校へ進学

私の生まれた嘉穂郡内野村は、大根地颪《おおねちおろし》が吹く雪深い里ですが、祖母自慢の山紫水明で、人情豊かな参勤交代の町並みを、今に偲ばせる麗しい故郷です。

わが家は不思議にも四代にわたって娘ばかりの出生が続き、いわゆる女系家族でありま す。私は小さい頃に父母と別れ、祖母のもとで家取り娘として育てられました。

祖母は明治女の気質と申しますか、とても辛抱強く、そして優しくて、時にびっくりするような厳しさを持った人でした。私は注がれる一途な愛情を、ひしひしと身に感じて育ちました。

小学校３年生時代（前列右から４人目が筆者）

昭和六（一九三一）年に内野尋常高等小学校に入学。十二年、県立嘉穂高等女学校に入学して、汽車通学をしました。

男性に代わって義務制の学校教育を担おうと、昭和十六年、福岡女子師範学校へ進学。そこは全寮制で朝六時に起床し、運動場を十周するといった特訓を受けて、昭和十八年に卒業。

教師生活がスタートし、新米先生として六年生を担当しました。

昭和二十年敗戦。学校教育は、教科書の軍国主義思想の箇所に墨を塗る作業から始まりました。私たち教師は、夏期休暇を返上して民主主義教育の猛勉強をしました。

研究活動がますます盛んになってきた昭

和三十四年には、県教育委員会より福岡教育大学付属小学校へ派遣され、「国語教育の在り方」について研究する機会を与えられました。

昭和三十八年には、福岡県教育委員会主任主事として、県の教育行政という新しい領域に携わることになり、広い視野で教育を見る経験を積ませていただきました。

温かい心のふれあいをめざして

県で初の女性校長となる

昭和四十二年には教育現場に戻り、飯塚市立八木山小学校教頭、目尾《しゃかのお》小学校教頭を経て、昭和五十一年に潤野《うるの》小学校校長に任命されました。福岡市、北九州市の両政令都市の教員人事は県とは別に実施されており、福岡県で初の女性校長となったのです。この頃は、女性が外に出て働くことはもちろん、女性が管理職に就くことについて、男性にも女性にもまだ抵抗感がありました。女性管理職の数も当然少なく、全国的にみても女性の校長はごく限られていました。

幸いにも潤野小学校では、「子どもの心と体の健康」をメインテーマとして、研究に取り組む気運が盛り上がってきていました。養護教諭が提示する具体的な事例を通して、全教員で真剣に研究討議を重ね、実践していく中で、少しずつ自己改革していく子どもたちの姿がみえてきて、研究にも活気が出ました。

これらの活動は、親や地域の方々の協力によって、学校と連携した家庭および地域の取り組みに発展。おかげで、地域ぐるみの活動が評価されて、県から表彰を受け、さらには全国表彰へとつながっていきました。

受賞もさることながら、テーマ研究によって「学校と地域の共同取り組みの体制」ができたことが、何よりの喜びとなりました。

婦人対策室長として

昭和五十四年六月一日、福岡県では全国で四番目に「婦人対策室（現女性政策課）」を設置し、私が初代室長に任命されました。

昭和五十年には、国連が世界の女性の意志を結集し、「国際婦人年」を設定してメキシコで世界会議を開きました。日本代表も多数参加し、「婦人問題解決のための世界行動計画」を採択しました。併せて昭和五十〜六十年を「国連婦人の十年」として、行動を開始することになり、日本政府の行動計画が全都道府県に示されました。

福岡県でも早速基本計画づくりに着手し、優れたスタッフ配置によって政策づくりにも熱が入りました。

昭和五十五年には「福岡県の基本計画」ができ、九州、中国、四国ブロックへの波及連携活動として、ブロック集会を開くなど、大変目まぐるしい毎日を過ごしました。

昭和五十八年に退職した後は、県設立財団「福岡県地域福祉振興基金」が目的とする、「人間愛・連帯意識に支えられた福祉コミュニティづくり」を目指して、地域ボランティア活動に励む方々との、温かい心のふれあいを何よりの宝として、生き通したいと願っております。

趣意書

1998年　　月　　日

様

福岡県田川市新町16－30
「輝くちくほうブランド」実行委員会
実行委員長　乙成　フジ子

平成10年度「女性の社会参加支援特別推進事業」
「輝くちくほうブランド」女性たちの手で
－ちくほうを支えてきた女性の歴史に学ぶエンパワーメント－
実施に伴う女性史編集の協力について

皆様にはお変わりなく日々をお過ごしのことと存じます。

この度、当会では文部省の支援を受け下記の通り筑豊の女性史編集を計画しています。

つきましては何かとお忙しいこととは存じますが、ご協力頂きますようお願い申し上げます。

記

主旨　豊かな自然に恵まれ、いきいきとした人々の住む筑豊が石炭産業の盛衰に翻弄されて100年。

しかし、そこに暮らし続ける女性たちはいつも変わらない。女性たちが自分のもつ能力を最大限に生かし、人として社会の一員として人権が認められ、地域に貢献することができれば幸せな生を終えたと言えよう。

筑豊25市町村の女性たちが力強く生きた、身近な女性たちの歴史に学び、連帯と共生によって学習を積み重ね、更なる行動を起こし、力をつけて21世紀に向けて「輝くちくほう」のまちづくりを進めることを目的とし、女性史を編集する。

記録活動

◎筑豊に生きるパワーある女性たちに学び、その生き方を記録し、啓発することで、一人ひとりが力をつけ、女性のエンパワーメントを地域の隅々まで広める

・「女性のパワーを生かそう」記録集の作成

ご協力頂くこと

輝くちくほうブランド実行委員会委員が、ご自宅を訪問致します。

さしつかえなければ、これまでの生き方について記録させて頂きたく存じます。

記録集につきましては作成次第お届け致します。

「ちくほうを支えてきた女性の歴史に学ぶエンパワーメント」
推薦書及び聞き取り調査表

市町村名	市町村	推薦者名	TEL
推薦理由			
該当分野	農業　企業　町おこし　文化 福祉　炭坑　商業　女性運動	取材者名	TEL

氏名		住所		電話番号
年齢		家族構成	差し支えなければ	FAX
生年月日	年　月　日	生まれたところ		

生まれたころの様子（0歳）どんな家庭で何番目かなど

子供のころ（1歳〜12歳）父、母、兄弟、近所、学校、食べ物、着るもの、遊びなど

青春期（13歳〜20歳）父、母、兄弟、近所、学校、食べ物、着るもの、遊び、仕事、恋など

戦争のころ

昭和20年の敗戦について

一番楽しかった思い出

苦しかったこと

夫との関係

語り継ぎたいこと

地域の川とともに

女性の視点を川づくりに

これまでの治水・利水に加え、環境を柱として、地域住民の意見を反映しながら「川づくり」を進めるよう、河川法が改正されました。この改正法によって、一九九八年、建設省遠賀川工事事務所は「歴史と文化を活かした川づくり」の検討を始めました。そして、女性の視点をどう反映させるかという話に基き、「ちくほうの女性たちの歩み」の編纂が決まりました。具体的には、ちくほう女性会議が協力して、聴き書きの方法をとることになりました。

一九九九年一月、地域とのかかわり方、川へのかかわり方などを検討して、聴き取りの対象者を嘉穂《かほ》・飯塚・山田、直方・鞍手、田川の三地区から、年齢にこだわらず選びました。次に人生を幼少、少女、結婚、現在の四つの時期に分け、住んだ場所、石炭産業との絡み、川とのかかわりなどについて質問をしました。。

その取材をもとにして原稿を作成し、対象者に何度もその内容を確認しました。

先日、彦山川で催された伊田小学校四年生の「水辺で遊ぼう、学ぼう」の体験学習に参加する機会がありました。この時、魚や水生生物の種類が増えているのを見て、水がきれいになったなと、ホッとしました。

私たちは遠賀川の水を守る責任があります。そのためにも建設省は、遠賀川の汚染度を地域別、季節ごとに調査して、その結果を地域住民に知らせてほしいと思いました。

この本が、これからの遠賀川の川づくりにお役に立つことを願っております。

故郷に生きる

青柳キヨ子

「学校の川」に親しむ

私は大正二年、糸田村宮床《みやとこ》の商店と軒を連ねた炭鉱町、田川郡金川《かながわ》村大字糒《ほしいきた》北海道というところに生まれ育ちました。

家の前は県道で、朝早くから炭鉱関係者や糒駅に行く人、農家の野菜売りの人などの行き帰りが多く見られ、また夕方になると近くのお寺に行く葬式の列がよく通りました。糸田村に劇場や映画館ができてからは、さらに行き帰りの人が多くなったように思います。

隣近所はどこも商店だったので、日常の買い物には不自由しませんでした。

父は慶応生まれ、母は明治五年生まれで、末子の私は両親にとってまるで孫のようでした。年をとってできた子どもだっただけに、父はとくに私をかわいがってくれ、よく父の背におぶさって、炭鉱の大きなお風呂にいったものです。

父はイリコの店を出し、仕入れに行ったり農家のお得意先に売りにいったりしていました。毎朝必ず仏様にお経をあげ、お寺参りを欠かさない信心深い人で、兵制の十人頭である什長《じゅうちょう》などもして、隣近所の世話役でした。

小学校の同級生と（前列右端が著者）

一方、母は当時数少ない髪結いをしており、内弟子一人、通いの弟子が三人いました。お盆や正月はもちろん徹夜。日頃もお嫁さん作りを一日三人もこなしたりして、多忙でした。時に遠方のお嫁さん作りには、弟子と私を連れていってくれたものです。

学校までは遠くて、彦山川と清瀬川を渡っていきました。清瀬川は小学校の前だったので「学校の川」と呼んで親しみ、よく水遊びをしました。えびやゴヒナを取ったり、水泳したり、上流にある水車小屋が珍しくて、友達に連れていってもらったりして遊びました。

夏休みは大人について、螢狩りもしました。

　このように幼い私たちは川に親しむ一方で、母から「川には水神様がいる」と教えられ、畏敬の念をも持ちました。橋の欄干《らんかん》から川面をのぞいて、橋と一緒にどんどん上流に連れていかれていくような錯覚を楽しんでいました。水も河原もじつに美しかった。鉱害という言葉など、当時はありませんでした。

　六年生を卒業して、田川高等女学校に合格。女学校では、毎学期の成績表を出身小学校にもらいにいかなければなりません。緊張すると同時に、先生や校舎との懐かしい対面でした。小学校からの帰りは、童心に返って友達と一緒に、思い出多い橋を渡りました。時には解放感から、川原に下りて月見草を採って帰ったりしたものです。

　十七歳で女学校を卒業し、直方の鉱山学校を出て東京で警察官をしていた兄を頼って上京。五年後、教員免許状を唯一のお土産に、兄に代わって帰郷して、添田町立青年学校に就職しました。

　父は「先祖がおまえを呼び寄せてくれた」と非常に喜んでくれました。添田は父の墳墓の地だったのです。ところが二カ月後の明治節の祝日、父は他界してしまいました。これから親子そろって暮らせるというのに、なんとも残念なことでした。

農業そして子育て

昭和十四（一九三九）年四月に結婚しました。嫁ぎ先は、十一人家族の農家で自作農。彦山川の源流をなす英彦山をいただく添田町で、大任《おおとう》町との境に位置し、自然に恵まれた落ち着いたところでした。

戦時色が次第に濃くなりかけたこともあって、三人目の子どもの誕生を機に教職を辞め、小作に出していた田を返してもらって、三反百姓に変身しました。

夫と共に

田圃から百メートルくらい先に、彦山川の土手がありました。広い田圃の落ち水は土手下の排水口に集まっていたのか、田植え時に大雨が降ると排水しきれずに、溝や畦道も隠れてしまい、湖のようになって恐ろしい限りでした。雷が鳴りだすと隠れ場所がなく、農具を捨てて、大急ぎで一番近い家に駆け込んで、雨宿りをさせてもらいました。

終戦後の昭和二十一年に長男が小学校に上がったのを皮切りに、六人の子どもたちが次々に進学していくため、将来の家計を案じて百姓のかたわら、養鶏を思いつきました。毎年羽数を増して遂には四百羽に達し、おかげですべての子どもを大学まで出すことができました。

今日、子どもたちがそれぞれ良縁に恵まれて生活できておりますのも、先祖のおかげだろうと感謝しております。

このように田川は、私が生まれた時から慣れ親しんできた故郷であり、人生の舞台でした。ここにはおおいに先見の明がおありの滝井先生や、市役所に女性のための窓口を作って新風を入れられた乙成先生など、素晴らしい方々もいらっしゃいます。それらの方々が田川のため、筑豊のためにご尽力くださることをひたすらお祈りし、見守っていきたいと思っております。

夫の死を乗り越えて

朝部勝江

子ども時代の遊びと楽しみ

私は父・朝部寅蔵、母・スミエの次女として、男四人女三人の七人兄弟の五番目に生まれました。父は気性は激しいが、正直で子どもには厳しく、母は口数が少なく、優しく温かい人でした。

毎月一日と十五日には、八幡町の広場にたくさんの店が出てお祭りのようで、広場に行くのが楽しみでした。女の子の遊びは羽つき、お手玉、夏は水鉄砲。またマンチキ小屋といって木の枝に棒を渡してその上に板を乗せ、かまぎを敷いてままごと遊びをしました。時には座頭さんと呼んでいた盲人の法師がきて「香春《かわら》岳くずれ」を語っていたので、母について聞きにいきました。

一年に四回「おこもり」もあります。田植えのあとは「早苗《さな》ぼり」といって、大人はお酒を飲み、割り子に入れて持ち寄ったごちそうを交換して食べました。

盆の十六日には、墓地の広場より観音様までの五十メートルほどの道路の両側に、一メートルおきにローソクを立てる「千どめ」があります。この時観音様にお参りすると、千回、観音様に参ったのと同じ効果があるというので、大人も子どももお参りしました。また御詠歌をあげ、そのあとで御馳走をいただく、「お観音講」もあります。料理は小豆のぼたもち、すし、豆腐汁、それに酒。

ふだんは彦山川の支流でよく遊びました。「煮ごと」といって、川原に石を置き、空き缶に水と畦からちぎってきた枝豆を入れて煮ます。それを友達と食べたあと、淵になったところに飛び込んで泳いでいました。川には小魚がいっぱいいます。いろいろな羽の色をしたトンボを捕まえようと、はしゃいで追いかけたりしました。大人は丸いバラショウケにいっぱい汚れ物を持ってきて、おしゃべりしながら川石の上で石鹸をつけて洗濯をしたり、野菜を洗ったりしていました。

麦刈りの頃には螢が川や田んぼや道路の上を飛んでおり、麦藁で螢カゴを作りました。

川の水は、薬物に汚されることもなくきれいでした。川遊びは本当に楽しい思い出です。

七月七日は「お汐《しお》い取り」です。小さなかごを持って糸田町の泌《たぎり》に行き、砂や石ころを拾って帰り、水神様にあげて今年の田の水が切れないように雨乞いをしました。その頃、泌にはいつもきれいな水が、こんこんと湧き出ていたものです。秋には山に赤い小さな彼岸ナバ（キノコの一種）を採りにいき、ご飯に入れてもらって食べました。

運命の別れ道

洋裁学院に入学して半年くらいして、朝部庄太郎さんの嫁にという話があり、父の勧めで結婚することになりました。夫は農家の三男で、仕事は大工です。母屋には舅夫婦、兄の家族たちと私たち夫婦、大工の弟子など計十三人がひしめきあっていました。

歳月は流れて昭和四十五（一九七〇）年、長男が高校に入学して一カ月、長女が中学二年生の時、突然の不幸がわが家を襲ったのです。

五月二日、夫婦二人で小石原に集金に行きました。しかし相手は留守でした。「金が入ったらおまえたちに何か買ってやろうと思っていたのに……。せっかくだから別府に寄って帰ろう」と日田から別府へ行きました。温泉で遊んで、「行橋の市場で魚を買おう」と

お祝の席で（左が筆者）

日出《ひじ》町赤松峠の橋を渡っている時、前方の緩いカーブを、一一トントラックが走ってくるのが目に入りました。夫はトラックを避けるために左にハンドルを切りましたが、その瞬間、橋の欄干に激突。車は横転し、私は意識を失ってしまいました。

意識が戻りかけた時、警官に「大変なことが起こった」と言われました。夫はハンドルで眉間を強打して重体。私はフロントガラスの破片が全身に刺さり、顔面裂傷、身体中血だらけでした。

叔父たちと駆けつけた長男と長女が末期の水を含ませると、二十一時二十九分、夫は息を引き取りました。広野に取り残されたような寂しさが突然襲ってきて、私は泣き伏しました。

その後、語り尽くせないくらい、いろんな苦労がありました。土建業者の下請けで倉庫建築から始め、涸れてしまうほどありったけの涙を流しましたが、次第に信用もついてきて、ガソリンスタンドの建設、公民館、神社の屋根の葺き替えなど、仕事が切れ間なくくるようになりました。そのうえ、長男が高校卒業後、一緒に働くようになって心強くなりました。

私が五十歳、長男が三十歳になった時、社長の座を譲りましたが、仕事を教えながら一緒にがんばりました。そして現在は「朝部総建」という、夫が考えていた総合建設業を目指した社名に改め、町内でも大きな建設業者に発展しました。

筑豊の人づくりを提案

どこに行っても、田川の人間だと分かると敬遠されます。私は週末によく原鶴の家に行きます。近所の人たちは気持ちよくつき合ってくれますが、最初は田川ということで警戒したようです。田川を誤解している人が多いのは、誤解されるような人がいるからでしょうか。この点に関して、田川人は考えなければならないと思います。この事例から、私は筑豊の人づくりを提案したいと強く思っています。

川についても同様です。最近ようやく彦山川もきれいになりましたが、彦山川から取水している町の上水道は、時にはカルキ臭かったり、腐敗臭がします。まだまだ昔のようなきれいな川に戻っていないのは悲しいことです。

潅漑用水路ができたので、あまり苦労せずに田に水を落とせるようになり、また螢も少しずつ飛ぶようになりました。でも川遊びをするような場所はありません。あの楽しさを知らない今の子どもはかわいそうです。もうあのような日々は帰ってこないのでしょうか。

遠賀川とコスモス染め

石場よし香

景気よかった炭鉱の街

大正十三（一九二四）年、嘉穂郡穂波町（戦前の穂波村）に生まれました。当時の穂波村には三菱、住友、日鉄の大手炭鉱があり、日本一大きい村で、小学校も男子校、女子校と二校に分かれて、生徒は五千人近くいました。

飯塚駅まで、乗り合い馬車があったのを覚えています。昭和の御大典の時、きれいな着物を着て、お化粧や髪飾りをして花馬車に乗り、飯塚の町を回ったことは楽しい思い出です。

私の家は三菱炭鉱と地続きの穂波村字南尾にあり、買い物も炭鉱の売店に行っていました。魚屋や薬局もありました。

父は世話好きで、韓国の人たちから「おやじさん」と呼ばれて大事にされていました。お正月（旧暦）には珍しい韓国の料理が、大きな塗り物のお膳に盛られて届けられていたほどです。

満州事変の頃は、炭鉱は賑やかでした。宵越しの金を持たない炭鉱マンは羽振りがよく、圓山、松月といった大きな料亭や割烹、寿司店などがたくさんありました。

芸妓さんは三百人以上いたと聞いています。旧飯塚小唄の一節に「三味や太鼓の景気のよーさー」と唄われていますように、昼間から吉原町や御幸町は色めいていたそうです。父も遊び好き。私と一緒だと都合がよかったのでしょうか、家を出る時は私を連れ、芸者さんを呼んで酒を飲んでいました。

そんな町の様子も時代と共にすっかり変わってしまい、昔の店も残り少なくなってきました。

川に育つ

私は三姉妹の末っ子で、父にかわいがられていました。学校の成績はいつもトップで、走るのも速く、自慢の娘だったようです。父は三菱の下請けをしており、人の出入りも多く、母は接待や子どもの世話などで大変でした。

母は編み物や裁縫が上手で、毛糸や蚊帳の染め変えなどをしていました。和裁も着物や夜着の洗い張りから仕立て、布団の綿入れなどをしっかり教え込まれ、そのうえ型染めや手描染めなどもしていましたので、毎日忙しく、友人と遊びにいくこともできませんでした。でも、映画や芝居には両親とよく出かけました。

これが昭和十八（一九四三）年頃のことで、それから次第に戦争が激しくなっていきます。

私の通った穂波村楽市《らくいち》女子小学校は穂波川の近くにあり、、夏になると体操の時間に川へ泳ぎにいきました。「明日は川に行くから、パンツを持ってくるように」と言われ、皆喜んだものです。水はきれいで、水中の川砂や小石をのぞくことができました。夏休みはざるを持って友達と川に魚掬いにいき、川エビやハヤ、砂の中からゴヒナやシジミを捕り、得意になって帰ると叱られました。

今も忘れられない川原の風景、それは一面に咲く月見草の黄色い花です。早朝のラジオ体操が始まる前に、露のある川原まで走っていって花を持ち帰り、バケツに挿して喜んで

飯塚どんたくの審査員を務める

いました。

徳前《とくぜん》から流れてきて、千鳥屋の横から遠賀川へと注ぐ穂波川沿いは、現在、遊歩道になっていますが、昔は小魚が棲めるくらいに清く、洗濯したり野菜を洗ったりしていました。川の上に突き出た洗い場でしたので、よく川に物を落としたものです。

炭鉱時代、喧嘩した男たちが脅し文句に「遠賀川には蓋がないんぞ。覚えとけ」と言っていました。蓋がないから川にぶち込むぞ、という意味だったんでしょうね。なかなかおもしろいことをいうな、と思って聞いていました。

コスモスサミットで染めを手がける

一時は汚れていた遠賀川もだんだんきれいになり、川原に菜の花が咲き乱れて春がきま

夫と「熟年の船」に参加

す。ポピーも咲き、秋にはコスモスが群生する、市民の行楽の場所となりました。

毎年、橋の上からコスモスを眺めているうちに、染色の材料にならないかな、と思うようになり、花が散ったあとの葉や茎を切って染めてみたところ、黄色、緑、ダークグリーンに染まりました。来年は本格的に染めたいと思っていたら、飯塚で全国コスモスサミットが開かれるので、開催側として何かよい土産はないか、という相談がありました。

「コスモスで染めたネクタイはどうでしょう。私が染めますよ」と、請け負ってしまい、一五〇本くらい染めました。この年は雨が少なくて花は駄目でしたが、遠賀川原のコスモス染めネクタイは、全国に流れていきました。

筑豊は石炭だけで発展したのではなく、遠賀川流域には昔から文化が栄えていました。歴史的にも多くの重要文化財があり、文化の宝庫でもあります。

私たちは子どもの頃から遠賀川の水で遊び、育ちました。この悠久の流れ、遠賀川は私の誇りです。

教え子は宝

遠藤都智子

澄み切った川と家族と

幼い頃は飯塚市片島に住んでおり、私の家は山口屋という屋号を持つ、小さな雑貨屋でした。隣は酢屋で向かいは大国屋という醤油屋、右隣も新宅という醤油屋、左隣は墓石などを創る石屋で、近所には酒屋、床屋もありました。

うちでは砂糖、塩、油、昆布、大豆・小豆・黒豆・ウズラ豆などの豆、干鱈《ほしだら》、晒《さらし》や柄物の反物、筆、鉛筆、消しゴム、紙といった文房具、それに巻き煙草や刻み煙草などを扱っていて、家では刻み煙草を煙管《きせる》に詰めて吸っていました。

時たま通る人の下駄の足音ばかりが響く、淋しい町でした。

どの家にもクーラーがいきわたった今では、あまり見かけませんが、当時は夕方になると将棋を指して、夕涼みをしている人がいました。空は澄み切ってお星様もよく見え、七夕がくると天の川を見て喜びました。

家の裏から畑を横切り、土手（堤防）を越えると草原があって、すぐに遠賀川の川原に出ます。土手にはよく土筆《つくし》が出て、毎日のようにカゴを下げて摘みに行きました。疲れて休んでいると遠くでヒバリの飛び立つ音がして、レンゲ草が一面に咲いた草原でのんびり遊びます。砂浜に行くとシジミやごしながいました。

川の水は、とてもきれいに澄み切っていました。当時は水浴びといっても、浸っているくらいで泳ぐことはしません。でも、その水遊びは忘れられぬほど楽しいものでした。川下に竹で作ったエブというものを仕掛けると、夜のうちに中に魚が入っていたようです。川近くの溝には泥鰌《どじょう》がいて、「この中のどじょう取るべからず」と立て札がしてあったのを覚えています。こんな札が役立つよい時代でした。

進学そして就職

私の通った小学校は片島尋常高等小学校といい、男は丸刈頭で筒袖、女は桃割れに元禄袖の着物でみんな下駄履き。寒くなると足袋《たび》を履きます。体操の時は裸足でした。

六年の時飯塚小学校に転校して、髪はお下げ、着物に木綿のえび茶袴を穿くようになりました。クラスも男女別で女子だけのクラスです。六年になると嘉穂高等女学校入学準備のために、夜、先生のところに通って勉強しました。私たちはこれを夜学と呼んでいました。飯塚小学校から五十人が受験して、十五人くらいしか合格できませんでした。

女学校を卒業して、東京の実践女子大に進学。全員講堂で源氏物語を学びました。この学校は正課に薙刀《なぎなた》があり、時折宮様の姿をみかけることがありました。我が校の開設者である下田歌子先生は、五カ国語を話され、絵も歌もお上手で、本当に素晴らしい先生でした。当時七十歳でしたが、こんな美しい方は他

留め袖を着て

お祝いの晴れ姿

にないと、友達と話したのを覚えています。

三年生の時に大正天皇の御大葬が行われ、二重橋のたもとでお送りしました。

学校を卒業。船で博多から対馬へ渡り、長崎県立対馬高等女学校に就職しました。そこで主人と出会って結婚。その後、中国・旅順《リューシュン》の旅順師範学校に転職しました。落ち着いたと思ったら、今度は主人が大連警察の英語の通訳として転勤になり、私はミッションスクール・大連市双葉学院へ移ることになりました。世の中は戦争、戦争で、「日本勝った。シンガポール目の前だ」の流行歌が流れていました。

教育者として

昭和十六年、主人が急死。私は四人の子どもと八カ月のお腹の子を伴って、父のもとに帰ってきました。大連のお金が全部、封鎖されたこともあって、「働かざる者食うべからず」と一生働くことに決め、恩師山口素道先生に誘われて、念願の母校に就職しました。学年は忠、孝、仁、義、礼と五つの組に分かれていました。運動場は畑になっており、芋などを植え、生徒は農家の手伝いなどでまるで授業になりません。

こんな中で卒業した嘉穂高女の三十一回生は、良妻賢母となってよい家庭をつくっております。この学年は仲がよく、今でも学年会を続けています。

やがて男の子も入学するようになり、校風も服装も変わりました。職員の悩みは「どうすれば男女を仲よくさせられるか」ということ。今にして思えば、信じられぬようなことでした。男女共学に骨折ったかいあって、同級生で結婚した者が多々あります。

嘉穂東高校の卒業生は、行く先々でピカッと星のように光っています。

家庭的にいえば、長男は嘉穂高校から九州大学で造船を学び、日本鋼管取締役を経て川崎に就職。次男は商売。三男は嘉穂高校から東京の大学を出て、山東洋綿花に就職。長女は飯塚の太養院に嫁ぎ、健在です。

私は九十三歳の今、父からもらった小さい家に一人住まいをしています。たくさんの教え子に古寿、喜寿、米寿と祝ってもらい、助けられ、教えられてきました。

私にとって教え子は一番大切な宝です。

料理に生き、地域に生きる

荻迫喜代子

先生になる夢を追って

私は親の反対を押し切って、東京女子専門学校に入学しました。手仕事が大好きで、「この子は器用だ」と小さい時から言われていましたので、それを活かしたいと思い、家事科へ入学したのです。家事科を卒業して、女学校の先生になるのが夢でした。

空襲を避けながらの勉強でしたが、昭和二十（一九四五）年の春には、学校も下宿も焼け出されて、とうとう帰郷する羽目になってしまいました。その後、すぐに終戦を迎え、やっと落ち着いた昭和二十一年から、三井高等女学校に勤めることになりました。

しかし戦時中、十分に勉強できなかったことが大変不安でしたので、もう一度勉強したいという思いで、昭和二十五年から一年間休職して復学しました。
この時ほど、一所懸命に勉強したことはありません。

直方に学校を創る

昭和三十年三月に退職。子どもも二人目ができそうでしたし、主人が宮崎に行くことになって忙しくなり、家事に専念しようかなと思ったからです。ところが事態は急転。半年で帰ってまいりました。

その頃ちょうど、福岡中央高校の先輩である渡辺先生が、退職して料理学校を始められたばかりで、手伝ってくれないかといわれて腰を上げることにしました。

その一方で、ＫＢＣ（九州朝日放送）のアシスタントをしていた人が、料理学校にお稽古にきていたのが縁で、昭和三十三年から始まるテレビ放送のスタッフに誘われました。三十三歳の時です。

以後、二十三年間も勤めようとは、当時は夢にも思いませんでした。

やがて主人が大変な病気をしたので、私が主になって働こうと一大決心をし、料理学校を開くことにしました。直方で料理教室を開いて欲しい、という声が出てきて、それが料

長期にわたったテレビ出演

理学校開設のきっかけとなったわけです。四月始めの開校まで、わずかしか時間がありません。開校の祝いから入学の書類作り、生徒募集と実際的な活動で、夜もろくろく寝られない毎日でしたが、皆様の協力と、テレビに出ていたためにマスコミの影響力もあって、一五〇名くらいの生徒さん方が集まりました。

福岡にも進出

開校して十年、「少し福岡の仕事もしたら?」と皆さんからお誘いを受けました。天神ビルの西日本文化サークルで料理講師に、というお話。まだどこにもサークルがない時代でした。「どうしても」と頼まれ、とうとう週一日だけ引き受けましたが、希望者が多くて一日四回の授業をしても、順番待ちのありさまです。

新聞社関係の仕事も多く、夜は夜で原稿書きが待っています。非常に多忙でしたが、それでも毎日が充実していました。

昭和五十六年から福田学園、純真女子短期大学の家政科教授として勤めることになりました。五十六歳になって原点に返り、もう一度勉強に取り組みたいと思ったからです。したがって直方の授業は、水、金の朝、昼、夜になり、月、火、木は短大の授業。さらに平成三年から六年間、土曜日に西南女学院短大の講師を勤めることになり、かなりハードな毎日でした。退職した現在も、時々は特別授業に出かけています。本を開き、辞書をひくことは、日常生活にメリハリを与えてくれます。

このような日々を送っておりますが、輝く人生とまではいかなくても、前向きな、いぶし銀のように光る人生でありたいと思っています。

盲人の料理教室を楽しむ

昭和四十七年の暮れに福岡県の盲人協会の方がみえて、盲婦人の生活訓練のため、でき

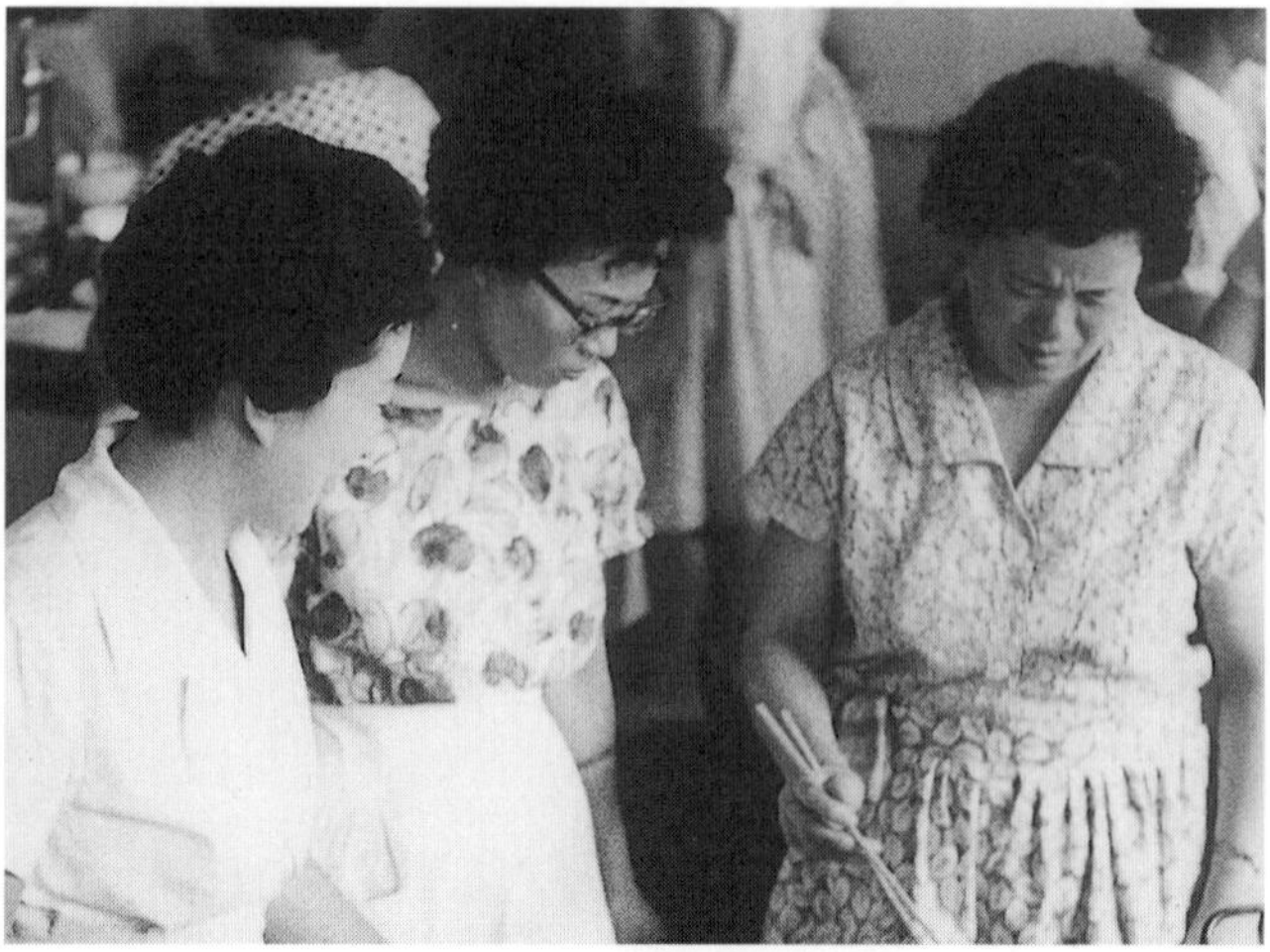

盲婦人の料理教室

る範囲で料理を教えていただけないか、との依頼を受けました。

一応、引き受けたものの、盲人の方に教えるなどまったく初めてのことなので、どうすればよいのかと戸惑いましたが、案ずるより生むがやすし。一緒にやってみるとすぐに意気投合して、すっかり仲よしになりました。

いろいろな作業の中で、油で揚げることが苦手ということも知りました。

以来、今日まで二十六年間、県北部の婦人部の皆さんと共に、料理作りをしてきましたが、視力だけが不自由であって、それをカバーするように他の触覚、聴覚、嗅覚、味覚は鋭く、健常者より優れたものを持っていらっしゃることも分かりました。

短期大学の授業でも、福岡地区の盲婦人生活訓練を実習に取り入れていますが、若い学生は感激します。素材の知識のために手を取りあい、郊外に出て畑に入り、キャベツはどんなふうに生えているかとか、お豆やキュウリ、ナス、カボチャのなり方など、スーパーの買い物だけでは分からない勉強をします。釣り堀に魚を釣りにいったり、ミカン、リンゴ、ブドウ狩りにいったり、時にはワンピースやブラウスの見立てをやることもあり、とても喜ばれます。

家庭用品選びにも同行します。シャモジ一本にも、形の違いや穴のあるもの、ないものなどがあり、選び方を教えています。

くつろぎのひととき

食文化における男と女

数年前、『女と男の関係史　全六巻』の四巻近世の項で、図らずも江戸時代の食文化を通して見た、女と男の生きざまについて書くことになりました。

日本料理が完成した江戸時代は、目をみ

はるものがあり、鎖国という特異な状況であったからこそ、外国文化にあまり左右されることもなく、花開いたものと思われます。

その最も日本的な完成に、どういう人がかかわったのか気になるところですが、いろいろな文献を調べてみても、女の姿はなかなか見えません。女子を教育する『女訓書』にも、女が料理をしている姿は見えてこない。

この時代、糸を紡ぎ、織り、裁ち、縫うという一連の操作は、女であれば幼少の頃から身につけさせ、十三、四歳までの間にすっかり完成させていました。そして、一家の夜具から着物の四季にわたる管理を、何不自由なくできるように、とくに良家の子女は仕込まれたようです。

しかし、「料理をしっかり仕込むように」とは、何を調べても書かれていません。そもそも台所事情は、あまりおおっぴらにするものではなく、ましてや女が主になって料理をしている姿はどこにもないのです。

日本料理の文化を完成させたのは男で、料理役人という刀を差した武士が各藩に抱えられて、料理の研究発表をしています。江戸後期になり、一般の町人も料理人になりますが、この時代の料理人は、歌舞伎役者並みの人気があったということですから、おいそれと女の手に委ねることはなかったのでしょう。

ではこの時代の女たちは、何をしたのでしょうか。料理ではなく、炊事です。ご飯を炊き、汁物か煮物でも作るくらいの仕事であったと思われます。

現代では「節約の一番は料理」と、食べ物にかかる費用を切り詰める人もいるくらいです。しかし、外食、グルメの時代になり、食費はウナギ登り。しかも立派な台所や器具を持ちながら、お飾りになりかねないような現実があります。ここらで目を覚まして、私たちの命の原点である食べ物、それも、健康的においしく食べることを、生命維持の第一条件としたいものです。

強く生きる母として

許斐スエノ

夫の死と自立

夫に愛され子育てに専念するのが、女にとっての一番の幸せだという兄の影響で、福岡裁縫専門学校自由科へ進みました。卒業後、父の友人や校長先生の世話で、何度も見合いをしましたが、なかなか気が向かずにいたところ、「許斐家のお嫁さんに」と推されました。明治大学を卒業して、麻生セメントに勤務していた夫と、私の家の座敷で見合いをしました。その頃では珍しいと思いますが、三十分ほど二人きりで話をすることができ、意気投合しました。

戦争が激しくなり出すと、夫は仕事を辞めて実家に戻り、隣組長を引き受けました。防

多彩な趣味で充実の毎日を過ごす（左が著者）

空壕掘りに出かけた日、風邪をひいたようだといって帰ってきて、床につきました。

そこで親類の若松市立病院長に往診していただき、指示に従って懸命に看病をしました。そのかいあってか、二週間もすると熱が下がって、布団に坐れるようになり、ホッとしていたところ、容態が急変して夫は心臓麻痺で亡くなりました。

しかし戦後の農地改革財産税により、財産をほとんどなくしてしまいました。私は里に帰ろうとは一度も思いませんでしたが、残された財産だけでは、二人の子どもが大学を卒業するまで持ちこたえることはできませんので、文房具を売って商売をすることにしました。店には他に化粧品と煙草も置き、一所懸命がんばりました。

二人の息子の世話と家事は大変でしたが、保育園に迎えに行くまでの間は、ＰＴＡのことから商工会婦人部長、嘉穂郡母子福祉会会長などの仕事にもかけずり回りました。

それらの活動の中でとくに思い出深いのは、母子会の代表として県知事に母子住宅の建設を申し出て、それが県で取り上げられたことです。また、町長からの依頼で、頴田《かいた》病院に売店を起こしました。

八十数年を生きて

子どもの頃、大雨で遠賀川が増水すると対岸の頴田村（現町）の人たちは、遠賀川に架けられた簡単な一銭橋が渡れなくなり、舟で渡してもらっていました。

許斐家の義姉の嫁入りの時、遠賀川を通って、舟で嫁入り道具を勝野駅まで運んだそうです。頴田村のどこから舟が出たか知りませんが、五平太舟のように、荷物を運ぶ舟だったのでしょう。

遠賀川があり、地震とか津波といった災害のない盆地の筑豊が、私は大好きです。私たち高齢者が暮らしていくには最高の場所です。ただ、発展ということについては、これか

俳句教室の仲間と句碑を囲んで

らの若い人たちが考えていかなければならないと思います。

私は老人会の副会長を十年務めております。副会長は女性会員が亡くなられると、弔辞を読むことになっていますが、会葬者の皆さんに聞いてもらうために、亡くなられた方に合わせた文章を作ろうと自分で考えました。弔辞の最後に、六十歳の頃から勉強している俳句を入れたところ、大層評判がよかったと聞いております。

八十歳の時、福岡県の老人大学俳句教室で共に二十年学んだ方だけを私の家に招いて、山田・嘉穂郡八町俳句会を開きました。その際に、生い茂った庭の奥に転がっていた石を句師がみつけ、句碑を建てるよう勧められました。そこで家族の了解も得て、傘寿《さんじゅ》の祝いに建てました。

　梅古木わが家の歴史秘めて咲く

下手ながら字も自分で書きました。

あと三年くらいは飯塚の俳句教室に通えそうですし、朝夕の盆栽や庭の草花、植木の手入れ、それに二年前から始めた「歌おう会」で、明るく和やかな雰囲気の中、文部省唱歌や童謡を歌ったりと、毎日が充実しております。

八十数年を生きてきましたが、私も二人の子どもも、病気も怪我もなく今日までくることができました。みんなが平穏無事に暮らしていることが、何よりも私の幸せなのです。

子どもとその家族に守られて、五十歳で計画した老後の設計もどうやら叶えられました。

子どもとその家族と賑やかに暮らす。

社会のお役に立つ。

趣味で心を潤す（趣味は俳句と盆栽）。

　恵まれし余生を謝して月仰ぐ

子どもと地域を見つめ続けて

向野スミエ

楽しみだったお祭り

私が生まれたのは旧名西川村新北、農家と少しのお店が建ち並んだ静かなところで、森と田圃とレンコン池に囲まれていました。明治の終わり頃までは、隣は村役場だったそうです。

うちはいろんな煎餅を焼いて、炭鉱の売店に卸している小さな菓子屋です。お菓子を作る工場は三面がガラス戸の明るい土間で、その頃にしては珍しく衛生的で働きやすいところでしたが、住んでいるのは工場よりずっと古い家でした。

私は長女で下に四人の弟妹がおり、家の手伝いをよくしていたので、妹たちは母親から、

「姉ちゃんはよく手伝っていたのに」と怒られていたそうです。

夏休みの天満宮のお祭りで、五銭のかき氷を食べるのが楽しみでしたし、お正月とお盆には下駄を買ってもらい、喜んでいました。

黄色い川、黒い川

幼い頃は、よく川遊びをしました。長谷観音から流れる川を中川といい、古月《ふるつき》のほうに続いており、土がたまっているところは黄色い色をしていました。炭鉱から流れてくるので、「かなけ川」と呼んでいました。田頭堤《たがしらづつみ》から用水路に流れる水は本当にきれいで、いろいろな貝やにいなごがびっしり連なっていて、よく採ったものです。

直方実業高等女学校に入学すると、峠を三つ越えて植木駅まで四キロ歩いて通学しました。雨の日は濡れてスカートのひだがとれてしまい、学校で悲しい思いをしていました。下校時間になると、直方発午後四時三十八分の若松駅行に乗り、家に帰り着くのが六時。まず靴を磨いてスカートのひだにしつけをして、布団の下に敷いて寝押しをしたものです。

次に時間割りをして、明日学校に持っていくものを部屋の片隅に置き、夕食がすむと宿題の和裁を縫ったりほどいたりしていました。勉強の記憶は、試験の時以外はあまりあり

昭和33年卒業記念（前から２列目、右から３番目が筆者）

ません。女学校を卒業して福岡市鶴城教員養成所に入学。渡辺通り一丁目の寮で寄宿舎生活をしました。

教師生活

学校を卒業すると、古月小学校に勤めました。昭和十四（一九三九）年四月のことで、初任給は二十七円。その後、結婚するまで新延《にのぶ》小学校に勤めました。その頃はまだ戦争もなく、平和でした。炭鉱の町が一番物資が豊富で、活気がありました。ただ生活レベルの差は激しく、社宅は一戸建てでトイレも炊事場もあり、一方で、四軒長屋はトイレも西側の外にひとつあるだけでした。

結核予防のためのＢＣＧができ、注射を受けるために、受け持ちの生徒を新延から直方の保健所に連れていきました。新延からずっと歩いて神崎の峠を越え、新入《しんにゅう》の剣神社を通って犬鳴川の土手の下の広場で、昼食をとりました。その時のお弁当のおいしさは、いまだに忘れていません。

遠賀川の水は黒かったのですが、犬鳴川の水は澄んでいました。ここを気に入りましたが、まさかのちにこの土地で生活するようになるとは、夢にも思っていませんでした。

昭和十九年五月一日に結婚。相手は青年学校の教員でした。昭和二十一年三月に出産したので、教員を辞めました。しばらく子育てをし、昭和二十七年より再び感田小学校に勤めましたが、戦前と戦後の教育の方法はずいぶん異なっていました。

感田小学校に二年、新入小学校九年、北小学校六年、そして新入小学校六年、感田校四年。戦前の一年と合わせて計二十八年間勤め、多くの教え子を社会に送り出しました。

退職後地域活動に励む

昭和五十八年、五十七歳で退職して、地域活動を始めました。手始めは新入校区婦人会会長で、六年間務めました。現在は、新入地区社会福祉協議会の婦人部と下新入公民館の婦人部の部長をしており、公民館活動で多忙な毎日を送っています。

教師生活最後の研修授業

新入の婦人会会長をしている時、直方婦人連絡協議会を代表して、「母なる川・遠賀川の汚濁を守る」と題して、久留米まで実践発表にいきました。粉石鹸の使用と併せてストッキングを切り、一搾り運動、廃油を流さない運動を着実に進めていきました。

　私は新入の活性化に期待しています。新入ふる里づくりに活躍している教え子たちを見ると、老いの身を忘れて元気が出てきます。活性化の中心となって努力している教え子たちに囲まれて、私は教師をしたことの幸せをしみじみかみしめています。

難聴を転機に茶道師範へ

高田スエノ

周囲に応援されて

未熟児で生まれた私はいつ死ぬやもしれず、籍にも入れてもらえずにいましたが、生後四十日ほど経って、これは育つかもしれないということで、父母はようやく籍を入れてくれました。

かつてわが家には五平太舟が十艘ばかりあり、船頭を置いていたそうです。三菱の四鉱という炭鉱で産する石炭を、若松に運ばせました。私が生まれた頃は、まだ動いていたのではないでしょうか。

私が三歳くらいまでは、五平太舟が動いていましたので収入が多かったのですが、父が十年あまり寝込んだうえ、汽車が直方まで通るようになって、それまで雇っていた女中や子守り、下男を全員実家に帰らせました。

収入の道を断たれたので、母が働かなければ暮らせません。餅を作って植木の四鉱に持っていきました。他の商売人は誰も炭鉱に入れなかったのですが、母だけは特別に入ることができ、事務所で全部買ってくれました。小学生の私は、現在の北九州市八幡西区香月《かつき》の大辻まで、歩いて砂糖を買いにいっていました。今でも足が強いのはそのせいでしょう。

当時の子どもは今とはまったく違い、みんな外に出て遊びます。本町の子どもが十人くらい、横町も四、五人が寄っていろんな遊びをしました。

私は泳ぎが好きで、よく遠賀川に飛び込みにいき、男子でも渡れないような場所を、こちらから向こう岸まで泳いで渡ったものでした。一人娘ですので、落ちたら危ないと川にはいかせてもらえません。そこでもっぱら母の留守の時にいき、川に入ったことを隠すために、土手の草で身体の水気をとって帰りました。師範学校で行われた、福岡の百道から向こうの能古島までの遠泳も平気で、泳ぎだけはなかなか上手でした。

溝にいって魚を獲ったりもしていました。

小学校に六年、高等小学校に二年いき、その後師範学校に入学しましたが、植木の高等

同僚の先生方と（前列中央が筆者）

小学校から師範学校に入学したのは、私が初めてでした。

「家にはお金がないので師範学校にはやらない」と、母は言っていましたが、植木の松尾梅吉町長さんが、「町からやるから行かせなさい」と言ってこられました。しかし母は「町から学校へ行かせていただいたら気がひける」と断りました。ところがさらに、炭鉱で一儲けした親戚の小林という人が、「まあ、姉さん、一人くらい師範学校に行かせなさい」と袂からお金を出してくれ、それでやっと学校にいくことができました。

小学校の受け持ちの島津音三郎先生も、「家の人がやらないというのなら、僕ができるだけ加勢する」と応援して、試験にも連れていってくださいました。

教員になる

師範学校を卒業して、楠橋《くすばし》小学校に就職しました。三年で飯塚小学校に転勤して結婚。その後、鯰田《なまずた》小学校に八年、足白《あしじろ》小学校に一年勤め、主人が直方市役所に入りましたので、私も新入小学校に移りました。

女性から校長を出すということで、私の名前が挙がっていましたが、「女だから」ということで反対されました。嘉穂郡から新入小学校に赴任して挨拶をした時のことです。運動場に高い台があり、そこに上がって話をしたのですが、「あの先生は台の上からものをいいよる。女の先生が威張っている」と言われました。このように女であるために中傷され、腹が立ったことは少なくありません。

この頃では女の校長も出ており、嬉しく思います。

当時は給料に男女差がありました。しかし、どうも納得できません。そこで県の婦人部長会で、「男女差はなぜあるのか。学級経営は女のほうがうまいではないか」と発言したことがあります。その後間もなく、男女同額の給料になりました。

日本教職員組合の活動が激しい時代でしたから、校長はいろんな点で、ずいぶん困ったのではないでしょうか。昔は文部省も日教組に押されていましたが、今は教員の給料もよくなり、文部省も強くなりました。逆に日教組はおとなしくなってきたようです。

お茶の師範への転身

北、南、北、植木と三十二年間、小学校教育に精を出しましたが、昭和三十五（一九六〇）年、大病をして手術を繰り返し、死の一歩手前で命だけは取りとめましたが、マイシンで難聴になり、残念ながら退職しました。

退職を決めた時には、まったく何も考えていませんでしたが、一所懸命お茶の勉強をすることにしました。お華の先生四人のグループに加わり、日本礼導小笠原流の指導部長を招いて、月に一、二回、一日中あるいは泊まりがけで、理論と実技の特訓を受けました。

三年後には宗家師範の免許を取って、指導を始めましたが、会員三十五名になると青歩会を発足させ、やがて百名を越したので、直方支部の発会茶会を「いこいの村」で開きました。

あれから十五年。昭和五十年四月四日には、新しくできた「直方歳時館」で支部発会十五周年記念と、私の卒寿の祝いを兼ねて、他県から二五四名の客を迎え、お茶会をいたしました。

河村青嵐会で舞いを舞う

大好きな筑豊。私はこの地に生まれ、この地で一生を終わります。筑豊といえば、煤けた町と思う方もありますでしょうが、遠賀川の菜の花やチューリップ、多賀公園、新町公園の桜、花の町直方のありさまを皆さんに見せたいと思います。

私が泳いでいる頃の遠賀川はきれいでしたが、洗炭の水を流したからでしょうか、学校に勤め出した頃には汚くなっていました。

最近はまたいくらかよくなっているようですが、昔はもっときれいでした。川の様子は何もかも違っていますね。

生まれたところも遠賀川のすぐ側、

現在暮らしているところも川の側。大好きな遠賀川ですので、子どもの遊べるきれいな川であってほしいと思います。

今、不平・不満はまったくありません。すべてをよいほうにとり、ありがたいといつも感謝しています。

子どもと孫三人が私を大事にしてくれますので、この孫たちが立派な結婚をするまで死ぬことはできないと、その目標に向かってがんばっています。

自分の身体は自分で守る

帆足貞子

保健婦になる

私が七歳の時、役場職員だった父は心臓弁膜症で急逝しました。当時、兄が十一歳、弟が五つ、さらに一番下が三歳という四人兄弟を、畑仕事したり男勝りのように働いて、母親が育ててくれました。

叔父が八幡で履物屋をしていたので、大きくなるとそこへ手伝いに行きました。

生前、父がお世話になった柏村医院というのが添田にありましたが、そこで人手が足りないので、八幡を辞めて帰ってきたのが昭和十六年の五月でした。

それから柏村に女中として入ったのですが、薬局の人が病気になったために、午前は薬

平成７年、夏の交通安全運動に参加

局の手伝いをして、午後になると炊事場の手伝いをするようになりました。そこに足掛け四年ほどいましたが、その間に講義録で勉強して看護婦の検定に合格、看護婦の免許を取得しました。

今度は、町のほうから保健婦養成所に行ってくれないかとのこと。そこで国保の委託生として、県の養成所に行くことにしました。それが昭和十九（一九四四）年です。養成所を出てから、添田の国保で保健婦として働き出しました。

昭和二十年に結婚して一度仕事を辞め、昭和三十年再就職し、九州電力の川崎電力所に保健婦として入りました。それから二十年十カ月、昭和五十三年二月末に「定年につき退職を命ずる」という一枚の紙切れが届き、退職しました。

美しい川を子どもたちに

川の近くに住んでいたので、よく川で遊びました。父が釣りに行く時は、ビクを持ってついていったものです。中洲で芝居や踊りを見たり、七夕の日に川の水で髪を洗うとよいといわれて洗ったこともあります。

筑豊について学ぶ「筑豊ゼミ」の一期生として、川について学びました。「湜《しょく》 湜《しょく》」という言葉があります。「淀みがあるように見えても、よく見るとその中に清らかな部分もある」という川に関してのもので、遠賀川も汚れているところがあるけれども、よく見ると淀んでいない部分もあります。

それをみつけようというような内容でした。

講師の曽根先生がおっしゃるには、筑豊にはすごく暗いイメージを持っていたのだが、実際にきて橋を渡ると、コスモスやら菜の花がとてもきれいに咲いていたと。

生活排水が汚水の一番の元といわれますし、地域の人が、そして汚した者が、自分たちの手で川をきれいにしなくてはいけないと思います。何よりゴミを絶対に川に捨てないことです。

水質を守るために

昭和十五年頃、豪雨で彦山川が決壊し、わが家を鉄砲水が直撃しました。その後、護岸工事がしっかりしてきたので、安全になりました。このようにさまざまなことがありますが、私たちは川で生きてきたのです。大任《おおとう》は川以外に何もありません。彦山川が流れているだけです。

彦山川を活かした産業ということで、しじみを放流して保護していますが、しじみを活かした、ひいては川を活かした観光地にできればと思います。

私は彦山川の恩恵を受けて育ってきました。だからこそ、今のような状態ではいけないと思います。私の子どもたちが幼い頃には、溝で鰻《うなぎ》などを獲っていました。今はコンクリートになってしまったので、魚が育つ魚巣がなくなり、魚もいなくなってしまいました。しかし少しずつ護岸工事の工法が見直されてきて、川の状態もよくなりつつあります。

地域活動

私は退職する前から婦人会に出ており、婦人会の支部長をしました。それから本部役員になって、順を追って会計監査、副会長を六年、会長をとうとう十二年やりました。それ

韓国にて（右から３人目が筆者）

と兼任で去年の三月に辞めるまで、郡の会長を四年務めました。

活動として河川の浄化など、いろいろなことに取り組んできましたが、意識の多様化と社会環境の急変、会員の減少などで去年の三月に解散しました。

今は食生活改善推進会の「ふれあい給食」での活動が忙しくなり、週一回の給食のために、献立をたてたりしています。

私は目下、地元大任町の住民意識をどうすれば変えられるかについて考えています。いいと思ってやっていることにもすぐ横やりが入るし、自分たちでよくしようという意識がなく、誰かがするだろうと思っているようですが、みずからの力でよくしようという気持ちがないといけません。大任の人の意識をみんなで改革しないと、何をするにつけても発展はありません。

さらにいえば、筑豊の女性は目覚めなければいけません。自分のやりたいことに信念を持ってやらなければいけない。年を取るとその気力もなくなってきますから。

筑豊女性史聞き取り調査表

調査員氏名

氏名		年齢	歳	生年月日	明・大・昭　　年　　月　　日
住所					
連絡先	TEL	連絡する方の氏名		続柄	

1．幼少の頃（生まれてから～12歳位まで）
・住まれていた場所
・町の様子を思い出すとどんな様子でしたか？（例：日常の賑わい、お祭りの時の様子、石炭産業との絡みなど）
・ご家庭の生活の様子を思い出すとどんな様子でしたか？（ご父兄の思い出など）
・地域社会との係わりの思い？（子供としてどのような係わりがあったかなど）
・川への係わりはどのような持ち方をされていましたか？（例：河川名。川で遊んだ。洪水が恐かった。川は汚れていた。）
2．12歳位～20歳位（ご結婚される位まで）の間
・住まれていた場所
・町の様子を思い出すとどんな様子でしたか？（例：日常の賑わい。お祭りの時の様子。石炭産業との絡み等）
・ご家庭の生活の様子を思い出すとどんな様子でしたか？（ご父兄の思い出など）
・地域社会との係わりの思い？（筑豊の女性としてあるいは１人の女性として）
・川への係わりはどのような持ち方をされていましたか？（例：河川名。川で遊んだ。洪水が恐かった。川は汚れていた。）
3．ご結婚からお子さまが成人になられるまでの間
・住まれていた場所
・町の様子を思い出すとどんな様子でしたか？（例：日常の賑わい。お祭りの時の様子。石炭産業との絡み等）
・ご家庭の生活の様子を思い出すとどんな様子でしたか？（ご主人様、お子さまとの思い出など）
・地域社会への係わりへの思い？（筑豊の女性としてあるいは１人の女性として）
・川への係わりはどのような持ち方をされていましたか？（例：河川名・川で遊んだ。洪水が恐かった。川は汚れていた。）
4．お子さまが独立されてから現在までの間
・住まれていた場所
・町の様子を思い出すとどんな様子でしたか？（例：日常の賑わい。お祭りの時の様子。石炭産業との絡み等）
・ご家庭の生活の様子を思い出すとどんな様子でしたか？（ご主人様、お子さま、お孫様との係わりなど）
・地域社会への係わりへの思い？（筑豊の女性としてあるいは１人の女性として）
・川への係わりはどのような持ち方をされていましたか？（例：河川名。川で遊んだ。洪水が恐かった。川は汚れていた。）
5．筑豊の女性として生きてこられて現在の筑豊に寄せられる想いがありましたらお聞かせ下さい。

〈資料Ⅳ〉筑豊女性史聞き取り調査用紙

1．幼少の頃(生まれてから12歳位)	2．12歳から20歳位（ご結婚まで)	3．ご結婚からお子さまの成人まで	4．お子さまの独立から現在まで	5．現在の筑豊に寄せられる想い
住まれていた場所	住まれていた場所	住まれていた場所	住まれていた場所	
町の様子	町の様子	町の様子	町の様子	
ご家庭の様子	ご家庭の様子	ご家庭の様子	ご家庭の様子	
地域社会との係わり	地域社会との係わり	地域社会との係わり	地域社会との係わり	
川との係わり	川との係わり	川との係わり	川との係わり	

西暦	年号	福岡県の女性の動き	全国の動き
一八六八	明治　元		一月三日　王政復古
一八七一	四		十月七日　華・士族、平民相互の結婚を許可（太・布）
一八七三	六		五月十五日　妻からの離婚請求の道をひらく（太・布）
一八八三	十六	この年、星野フサ、唯一の女生徒として県立久留米中学校を卒業	
一八八六	十九	五月十五日　婦人の地位向上を目的とした福岡婦人協会設立される	
一八八七	二十	九月　福岡県尋常師範学校、福岡市大名町にて民家を借り、初めて女子部（修学三年）を設置	
一八九六	二十九		この年、小学校就学率女四七・五四％、男七九・〇％
一八九七	三十	七月　県下初の公立高等女学校、久留米高等女学校開校	
一九〇〇	三十三	この頃、小学校女生徒、袴着用が県下でも流行する	
一九〇一	三十四		二月二十四日　愛国婦人会設立

一九〇六	明治三十九	この頃、各炭鉱は坑夫の稼働率増大のため保育所、託児所を設置	
一九〇七	四十	八月十三日　大和裁縫女学校創立（直方女子高等学校の前身）	
一九一一	四十四		九月一日　平塚らいてう等『青鞜』創刊、大正五年二月終刊
一九一二	四十五	六月　小倉市役所が女性の市吏員を数名募集する。女教員、代教員位の有資格者を採用	八月一日　友愛会設立。翌年、女子は準会員に
一九一六	大正五		一月一日　『婦人公論』創刊
一九一八	七	この頃、工業勃興のため県下で下女の払底が問題となる。また石炭採掘増加にともない女鉱夫が増加する	
一九二〇	九		三月二十八日　新婦人協会発会
一九二一	十	十月二十二日　柳原白蓮、炭鉱主の夫伊藤伝右衛門と別れ、宮崎竜介と結ばれる	
一九二二	十一	六月　福岡地方石炭山鉱夫数、女四万六三九八人、男九万八二九五人、計一四万四六九三人	
		十一月　この当時、炭鉱業を背景に福岡県下	

		の託児所数は全国有数。在籍児総員二六一五人	
一九二三	大正　十二	四月十七日　全国初の公立女子専門学校、福岡県立女子専門学校開校（福岡女子大学の前身）	
一九二四	十三		十二月十三日　婦人参政権獲得期成同盟会発会、翌年婦選獲得同盟と改称
一九二七	昭和　二	二月五日　県は、各町村宛に母性保護の見地から農繁期託児所設置の要望を達する	
一九二八	三	八月二十五日　女流飛行士、木部シゲノ（築上郡出身）郷土訪問飛行で飛来する	
一九三〇	五	三月二十二日　失業救済のため、福岡市の下水工事の労働者を募集。女一二一人、男一〇六五人、合計一一八六人の雇用申込。男性は特異性なし。女性は三十、四十歳が多く夫に死別した者、夫が病弱な者等で大抵子もち この頃、婦女子少年鉱夫入坑禁止が昭和八年に実施されるため、失業婦人対策が問題	四月二十七日　第一回全日本婦選大会開催

		化	
一九三七	昭和　十二	三月十八日　県は福岡市、八幡市、久留米市において婦人運動家、市川房枝、金子しげりを招聘し自治振興婦人大講習会を開催する事を達する 五月九日　福岡県田川郡伊田町検番芸妓五十七名が温泉に立篭もり罷業	三月十日　「日本農村婦人問題」発表
一九三八	十三		一月　上海に従軍慰安婦百人余集める、この後多数戦地に動員 六月四日　高群逸枝『母系制の研究』発表
一九三九	十四	一月十一日　戸畑市女教員会総会で女生徒の断髪は尋常六年まで、高等科に於いては結髪主義を採用する事を決定する	八月二十九日　女子の鉱内作業禁止規定緩和
一九四二	十七	六月二十二日　一夫婦の出生数平均五児以上にするため初婚平均年齢を昭和二十五年迄に男子満二十五歳女子満二十一歳までに引下げる事を目標とした福岡県結婚奨励要綱達する。具体策として未婚者の登録や結婚の斡旋等	二月二日　大日本婦人会発足（愛婦・国婦等を統合）、五月翼賛会の傘下に入る

一九四五	昭和　二十	十一月八日　県は新日本建設のため市町村婦人会設立を呼びかける	十一月三日　新日本婦人同盟結成 十二月十七日　選挙法改正。婦人参政権実現
一九四六	二十一	二月　福岡に産児制限研究会発足する。昭和二十三年には、福田昌子が『優生保護法解説』を出版する 四月十日　戦後初の総選挙で福岡一区から立候補した森山ヨネ、最高点で当選し婦人代議士第一号の一人となる	四月十日　第二十二回衆議院選挙、初の婦人参政権行使、女性三十九名当選
一九四七	二十二	二月　福岡県郡市婦人会連絡協議会（県婦連）結成 四月二十五日　総選挙で福岡一区から福田昌子当選。以後五期衆議院議員をつとめる 十一月十七日　生理休暇三日、産前産後の休暇は、前後を通して十六週間以内とする福岡県教職員組合協議会労働協約書を県知事と締結する	三月八日　全日本教員組合協議会、十日教員組合全国連盟、生理休暇三日・母体保護を含む団体協約獲得 九月一日　労働省発足、婦人少年局長山川菊栄 十二月二十二日　改正民法公布。家制度の廃止
一九四八	二十三	三月　三月闘争で、福岡県教職員組合は、男女賃金差撤廃をかちとる 六月　都築貞枝、県立西福岡高校校長就任。	一月十七日　都教組、男女同一賃金獲得。昭和二十七年までに四十二府県で実現

		公立初の女性校長	
一九五一	昭和二十六	この年、中村ヲスギ、八幡市立平野小学校校長就任。県下初の公立小学校校長	
一九五二	二十七	六月二十一日　福岡県炭婦協結成大会を飯塚市で開催。前年九月結成を解消し、再編成したもの	七月九日　全国地域婦人団体連絡協議会結成
一九五三	二十八	八月二十六日　九州炭婦協結成される この年、福岡県他十県に各県農協婦人組織結成	九月十一日　日本炭鉱主婦協議会結成 四月五日　日本婦人団体連合会結成
一九五九	三十四	八月九日　第一回福岡県母親大会で炭鉱離職者助け合い運動が提唱される。九月十日黒い羽根運動本部が発足し、募金運動始まる	
一九六五	四十	一月　西日本鉄道株式会社、労働協約で妊娠四カ月以上の女子乗務員に継続二十二週間以上の産前休職制を認める	
一九六九	四十四	十二月二十四日　日本で初めて妻の〝内助の功〟が二千万円を超える	
一九七五	五十	十二月十四日　福岡市で、国際婦人年福岡県集会	六月　国際婦人年世界会議 七月十一日　義務教育女子教員、看護婦、

			保母などの育児休暇法公布
一九七八	昭和五十三	九月　福岡県婦人問題懇話会設置	十一月十日　総理府婦人問題推進会議第一回総会
一九八〇	五十五	十一月　県は「婦人問題解決のための福岡県行動計画」策定	五月十七日　民法、家事審判法改正公布　配偶者相続分三分の一から二分の一へ
一九八五	六十		六月二十五日　「女子差別撤廃条約」批准 七月　「国連婦人の十年」ナイロビ会議
一九八六	六十一		四月一日　男女雇用機会均等法施行
一九八九	平成元	八月五日　セクハラ裁判始まり、平成四年勝利判決	
一九九五	七		九月　第四回世界女性会議（北京）
一九九六	八	四月　ちくほう女性会議設立	十二月　男女共同参画二〇〇〇年策定
一九九九	十一		六月二十三日　男女共同参画社会基本法施行

『年表　光をかざす女たち　福岡県女性のあゆみ』を参考に作成しました。

あとがき

一九九五年八月、第四回世界女性会議ＮＧＯフォーラム北京に参加した私たちは、一九九六年四月「ちくほう女性会議」を発足させました。メンバーはフォーラムに参加した筑豊の女性三十四名。

その後毎年、遠賀川女性サミットやワークショップ、海外・国内研修事業や二十五市町村の女性登用状況調査などを進めてきました。そのつど会員も増え、女性に関する問題に取り組んでおります。

三年目の一九九八年は、筑豊の先輩女性たちに学ぼうと、聴き書きを進めました。その過程で多くの方々にお会いし、その素晴らしい生き方に触れることによって、会員自身が大きな力を得ることができました。

その思いを皆様にもお伝えしたいと、本にまとめることにしました。それが本書「ちくほうの女性たちの歩み」です。

さまざまな女性たちの歩みが、この本を手に取っていただいた皆様の、人生の糧となれば幸いです。

なお、この聴き書きは一九九八年度に実施しましたので、その後変更になっているものもあるかと思いますが、ご了承ください。

二〇〇〇年　春

ちくほう女性会議

ちくほう女性会議　1995年、第４回北京世界女性会議ＮＧＯフォーラムに、筑豊の女性を中心とする34名で自主的に参加。1996年４月、参加者を中心に「ちくほう女性会議」を発足させる。1997年度から1998年にかけて、文部省女性の社会参加支援特別推進事業の委嘱を受ける。1999年文部省女性のエンパワーメントのための男女共同参画学習促進事業の委嘱を受ける。会員は筑豊25市町村を中心に100名。海外研修、国内研修を毎年交互に実施し、見聞を広めている。
問合せ先
〒825-0016　田川市新町16-30
乙成フジ子
電話及びファックス　0947（44）4181

ちくほうの女性《じょせい》たちの歩《あゆ》み

■

2000年３月15日第１刷発行

■

編者　ちくほう女性会議
発行者　西　俊明
発行所　有限会社海鳥社
〒810－0074 福岡市中央区大手門３丁目６番13号
電話092(771)0132　FAX092(771)2546
印刷・製本　有限会社九州コンピュータ印刷
ISBN 4－87415－298－8
[定価は表紙カバーに表示]

日本音楽著作権協会（出）許諾第9912692-901号
C2000　森田ヤエ子 MUSIC INC（100頁）

海鳥社の本

異郷の炭鉱　三井山野鉱強制労働の記録　武富登巳男　林えいだい

中国、朝鮮半島、東南アジアにおける国家ぐるみの強制連行。炭鉱での過酷な労働、虐待、逃走、虐殺、そして敗戦……。元炭鉱労務係、特高、捕虜らの生々しい証言と手記に加え、密かに保管されていた、焼却処分されたはずの収容所設計図が、ここに初めて公開される。　3600円

たのしい福祉の旅　オーストラリア・タイ編　仲光志賀子

ふつうの生活をすべての人が営むために、それぞれの国でそこに生きる人々にあわせた社会の仕組みがつくられている。オーストラリアとタイで出会った福祉事情を紹介し、福祉後進国といわれる日本で暮らす私たちが何を学んでいくべきかを考える。　1500円

戦争と筑豊の炭坑　「戦争と筑豊の炭坑」編集委員会

日本近代化のエネルギー源であり、戦後の急速な経済復興を支えてきた石炭産業。その光と影、そこでのさまざまな想いを筑豊に生きた庶民が、いま、語る。1998年、嘉穂郡碓井町が公募、審査した手記の中から、20名の作品を選んで収録した。　1429円

筑豊を歩く　身近な自然と歴史のハイキング　香月靖晴他

修験道の霊山・英彦山、豊穣な実りをもたらす遠賀川、城下町・直方など、多彩な歴史と風土をもつ筑豊地域を、嘉飯山・直鞍・田川の三地区に分け、半日から１日行程で歩けるハイキング・コースを紹介した総合ガイド。　1500円

炭坑節物語　歌いつぐヤマの歴史と人情　深町純亮

町が詩情にあふれ、仕事に唄があった時代、暗い地底の労働から仕事や恋、世相を歌う数多くの炭坑節が生まれた。江戸期に遡るルーツと変遷をたどり、ゴットン節や選炭場唄など、歌にみる筑豊・ヤマの暮らしを描きだす。　1714円

＊価格は税別